Contabilidade financeira

CONTABILIDADE E AUDITORIA

Contabilidade financeira

Jean Jacques Salim
Antonieta Elisabete Magalhães Oliveira

Copyright © 2019 Jean Jacques Salim, Antonieta Elisabete Magalhães Oliveira

Direitos desta edição reservados à
EDITORA FGV
Rua Jornalista Orlando Dantas, 37
22231-010 | Rio de Janeiro, RJ | Brasil
Tels.: 0800-021-7777 | 21-3799-4427
Fax: 21-3799-4430
editora@fgv.br | pedidoseditora@fgv.br
www.fgv.br/editora

Impresso no Brasil / *Printed in Brazil*

Todos os direitos reservados. A reprodução não autorizada desta publicação, no todo ou em parte, constitui violação do copyright (Lei nº 9.610/98).

Os conceitos emitidos neste livro são de inteira responsabilidade dos autores.

1ª edição – 2019

PREPARAÇÃO DE ORIGINAIS: Sandra Frank
EDITORAÇÃO ELETRÔNICA: Abreu's System
REVISÃO: Fatima Caroni
CAPA: aspecto:design

Ficha catalográfica elaborada pela Biblioteca Mario Henrique Simonsen/FGV

Salim, Jean Jacques
    Contabilidade financeira / Jean Jacques Salim, Antonieta Elisabete Magalhães Oliveira. - Rio de Janeiro : FGV Editora, 2019.
    156 p.

    Publicações FGV Management.
    Área: Contabilidade e auditoria
    Inclui bibliografia.
    ISBN: 978-85-225-2187-6

    1. Contabilidade. 2. Administração financeira. I. Oliveira, Antonieta Elisabete Magalhães. II. Fundação Getulio Vargas. III. FGV Management. IV. Título.

CDD – 657

*Aos nossos alunos, colegas docentes e aos gestores,
que nos inspiram para avançarmos no conhecimento.*

Sumário

Apresentação	11
Introdução	13
1 | A contabilidade e sua importância para a administração	15
Panorama da contabilidade	15
Linguagem dos negócios	17
Empresas de serviços, comerciais e industriais	19
Usuários das informações contábeis	20
A contabilidade financeira e outros ramos	22
Limitações da contabilidade	23
Estrutura conceitual da contabilidade	24
Convergência internacional da contabilidade brasileira	27
Tipos societários, constituição e funcionamento	28
Conclusão	31
2 | Demonstrações financeiras e outras informações	33
Conjunto de informações	33
Relatório da administração	34
Balanço patrimonial	34
Demonstração do resultado do exercício	42
Demonstração dos fluxos de caixa	46
Demonstração das mutações do patrimônio líquido	49
Demonstração do valor adicionado	50
Notas explicativas	52
Relatório dos auditores independentes	53
Conclusão	54
3 | Registros e sistemas contábeis	55
Método dos balanços sucessivos	55

Problema dos balanços sucessivos 65
Registro das operações em contas 66
Razão e razonetes 67
Regras para aumentos e reduções nas contas 69
As convenções de débito e de crédito 71
Mecanismo de registro nas contas de resultado 72
Exemplo de registro de operações no razão 73
Apuração dos saldos e encerramento das contas 76
Conclusão 78

4 | Tópicos especiais: estoque e ativo imobilizado 81
Estoques: considerações iniciais 81
Sistemas de inventário: permanente e periódico 82
Como estimar o custo das mercadorias vendidas 83
Critérios para a avaliação de estoques 85
Considerações finais 90
Ativo imobilizado: considerações iniciais 91
Métodos de cálculo da depreciação 94
Despesas de depreciação e depreciação acumulada 95
Considerações finais 98
Conclusão 98

5 | Análise econômico-financeira de empresas 99
Indicadores de desempenho 99
Indicadores econômico-financeiros 100
Usuários da análise econômico-financeira 102
Padronização das demonstrações financeiras 103
Técnicas de análise econômico-financeira 105
Análise vertical e horizontal 106
Análise por índices econômico-financeiros 110
Índices econômico-financeiros comuns e específicos 111
Síntese das etapas do processo de análise econômico-financeira
  de empresas 113
Conclusão 114

6 | Análise econômico-financeira: detalhamento dos índices 115
Índices de liquidez 115
Índices de estrutura 117
Índices de rentabilidade 119
Modelo DuPont 123
Índices de prazos médios 129
Outras informações relevantes para a análise econômico-financeira 133

Resumo da análise econômico-financeira da Cia. Nacional	133
Problemas e limitações da análise econômico-financeira	134
Conclusão	135
Conclusão geral	137
Referências	139
Para enriquecer	141
Glossário	143
Os autores	153

Apresentação

Este livro compõe as Publicações FGV Management, programa de educação continuada da Fundação Getulio Vargas (FGV).

A FGV é uma instituição de direito privado, com mais de meio século de existência, gerando conhecimento por meio da pesquisa, transmitindo informações e formando habilidades por meio da educação, prestando assistência técnica às organizações e contribuindo para um Brasil sustentável e competitivo no cenário internacional.

A estrutura acadêmica da FGV é composta por escolas e institutos, todos com a marca FGV, trabalhando com a mesma filosofia: gerar e disseminar o conhecimento pelo país. Dentro de suas áreas específicas de conhecimento, cada escola é responsável pela criação e elaboração dos cursos oferecidos pelo Instituto de Desenvolvimento Educacional (IDE), criado em 2003 com o objetivo de coordenar e gerenciar uma rede de distribuição única para os produtos e serviços educacionais da FGV.

Este livro representa mais um esforço da FGV em socializar seu aprendizado e suas conquistas. Foi escrito por professores da FGV, profissionais de reconhecida competência acadêmica e prática, o que torna possível atender às demandas do mercado, tendo como suporte sólida fundamentação teórica.

A FGV espera, com mais essa iniciativa, oferecer a estudantes, gestores, técnicos e a todos aqueles que têm internalizado o conceito de educação continuada, tão relevante na era do conhecimento na qual se vive, insumos que, agregados às suas práticas, possam contribuir para sua especialização, atualização e aperfeiçoamento.

Rubens Mario Alberto Wachholz
Diretor-geral do Instituto de Desenvolvimento Educacional

Sylvia Constant Vergara
Coordenadora das Publicações FGV Management

Introdução

O tema deste livro é a contabilidade. Mais precisamente a contabilidade financeira, um entre vários enfoques sob os quais se pode estudar essa importante matéria. A subdivisão em campos específicos de interesse decorre das especificidades e da própria natureza do objeto de estudo. Assim, conforme o ramo de atividade, podemos identificar: contabilidade bancária, contabilidade agropecuária, contabilidade pública, contabilidade securitária.

Conforme a especialidade, podemos nomear: contabilidade gerencial, contabilidade de custos, contabilidade fiscal, contabilidade comercial.

O fato importante por detrás dessas particularizações é que a contabilidade, enquanto ciência social aplicada, na sua essência é uma só, e seu objetivo central é o de prover informação de qualidade, em tempo hábil, a todos quantos se interessem por organizações.

O livro tem por objetivo fornecer uma visão ampla, conceitual e aplicada da contabilidade. Para alcançar esse fim, são utilizados diversos exemplos práticos, pequenas pausas para reflexão, um exemplo de empresa hipotética, chamada Cia. das Flores, e um minicaso real, baseado em dados públicos, de uma grande empresa brasileira, cognominada Cia. Nacional.

São seis capítulos. O primeiro visa situar o leitor no ambiente contábil geral. Para isso, fornece uma visão da contabilidade e de sua importância no mundo dos negócios. São apresentados: um pouco de história; tipos de empresas e de usuários da informação contábil; limitações, estrutura conceitual; convergência às normas internacionais; e, finalmente, os tipos societários.

O segundo capítulo dedica-se integralmente ao estudo das demonstrações financeiras, também chamadas demonstrações contábeis, sua estrutura, finalidade e interpretação. Na forma de um conjunto integrado de informações, são abordados: balanço patrimonial, demonstração do resultado do exercício, demonstração dos fluxos de caixa, demonstração das mutações do patrimônio líquido, demonstração do valor adicionado e elementos complementares. Introduz-se a Cia. Nacional, para fins de ilustração.

O terceiro capítulo expõe, de forma didática e progressiva, os sistemas de registro contábil. Começa com o método dos balanços sucessivos, avança para a configuração oficial de escrituração na forma de contas, razão e razonetes, sob o primado das partidas dobradas. Utiliza-se a Cia. das Flores como modelo de transações e de registros nos livros contábeis, diário e razão.

O quarto capítulo enfoca dois itens de grande importância na contabilidade: estoque e ativo imobilizado. No primeiro caso, são abordados os sistemas de inventário e métodos de avaliação de estoques; no segundo, a natureza do ativo imobilizado e da depreciação.

O quinto e o sexto capítulos endereçam-se não a um assunto, mas a uma aplicação das informações contábeis, qual seja, a análise econômico-financeira de empresas. Novamente, recorrendo aos dados reais da Cia. Nacional, na forma de um minicaso de análise, são elencados os principais indicadores utilizados para avaliar a situação financeira e o desempenho econômico das companhias. Fórmulas de cálculo, interpretação, críticas e formas de aperfeiçoamento dos indicadores são apresentadas de maneira integrada e sistêmica. Encerra-se com um parecer conclusivo sobre a empresa analisada.

Concluindo, queremos enfatizar a importância do estudo e da prática da contabilidade, quaisquer que sejam os ramos de atividade ou especialidade. A contabilidade diz respeito à informação e à tomada de decisão, sua metodologia primorosa remonta a séculos, e as demonstrações financeiras exibem o retrato e o filme da organização.

1
A contabilidade e sua importância para a administração

Iniciamos o tema deste livro apresentando uma breve panorâmica das origens da contabilidade e destacando sua natureza e objetivo. Seguimos com a identificação dos usuários e seus interesses na informação contábil; a contabilidade financeira, outros ramos e limitações. A apresentação do arcabouço conceitual, a questão da convergência às normas internacionais e os tipos societários encerram o capítulo.

Panorama da contabilidade

Não se sabe exatamente quem inventou essa importante área de conhecimento chamada contabilidade. Podemos aceitar, no entanto, o argumento de vários autores de que a base fundamental da escrituração, qual seja o sistema de "partidas dobradas", figura entre os produtos do Renascimento italiano, durante os séculos XIII e XIV. O primeiro registro da completa utilização desse método data do ano de 1340, nos arquivos municipais da cidade de Gênova, Itália.

O "codificador" da contabilidade foi o frade franciscano Luca Pacioli, um intelectual influente e muito bem relacionado, tendo Leonardo da Vinci como um dos seus amigos mais próximos.

Seu livro intitulado *Summa de arithmetica, geometria, proporcioni et proportionalità* apareceu em Veneza em 1494, apenas dois anos após Cristóvão Colombo ter desembarcado na América. A *Summa* era um tratado de matemática, mas incluía uma seção sobre escrituração baseada em partidas dobradas, chamada "Particularis de computis et scripturis".

Afinal, em que consiste, especificamente, o método das partidas dobradas? Trata-se de uma sistemática ao mesmo tempo simples e engenhosa. Segundo ela, as transações realizadas por uma empresa devem ser vistas por uma dupla perspectiva: origem dos recursos e destino desses recursos. Ou, ainda, considerando que toda transação é uma movimentação de recursos, seu registro será melhor representado se identificarmos, sempre, de onde vieram os recursos e onde foram aplicados.

Isto posto, quais são a natureza e finalidade primeiras da contabilidade? Vejamos diferentes perspectivas.

Modernamente, a contabilidade firmou-se como ciência social aplicada, com metodologia própria, capaz de captar, registrar, acumular, resumir e interpretar os fenômenos que afetam organizações de todos os tipos. Seu produto final essencial são as demonstrações financeiras ou contábeis, por meio das quais se reúnem, organizam e divulgam informações relevantes a um variado público-alvo, interessado em tomar decisões.

E o que são demonstrações financeiras ou contábeis? São relatórios de natureza econômica, financeira e patrimonial, elaborados e divulgados periodicamente pelas empresas ao público interessado, obedecendo a um conjunto amplo de diretrizes e regras. As demonstrações mais importantes são: balanço patrimonial, demonstração do resultado do exercício, demonstração dos fluxos de caixa e demonstração das mutações do patrimônio líquido. Elas serão abordadas em detalhes nas seções posteriores.

Podemos sintetizar afirmando que a função primordial da contabilidade é facilitar a administração da atividade econômica, o que implica medir e organizar dados e comunicá-los às partes interessadas ou *stakeholders*.

A contabilidade é o processo que consiste em registrar, resumir, classificar e comunicar informações financeiras. O *input* desse processo são as transações realizadas pela empresa; o *output* são as demonstrações financeiras ou contábeis.

Em suma, a contabilidade é um sistema de registro e medição da riqueza das entidades. É o "painel de controle" da organização. É a "linguagem dos negócios". É um subsistema de informação que integra o sistema de informação gerencial da empresa e alimenta o processo decisório dos usuários internos e externos.

Linguagem dos negócios

Se a contabilidade é a "linguagem dos negócios", como mencionado, cabe adicionarmos aqui algumas considerações sobre o vocabulário contábil, a título de ilustração inicial. Aliás, muitos desses termos são emprestados da economia.

No dia a dia corporativo, inúmeras transações são realizadas envolvendo a aquisição e venda de mercadorias; produção de bens e prestação de serviços; pagamentos e recebimentos; movimentação de capital; geração de direitos; obtenção, retenção e distribuição de renda. Todas, ao final, afetam o nível de riqueza da empresa.

A contabilidade acompanha esses fluxos de recursos, em um processo contínuo de medição da riqueza. Cabe perguntar:

> *Pausa para reflexão*
> - O que é riqueza?
> - É o mesmo que renda ou lucro?

Segundo economistas clássicos, riqueza e renda são conceitos correlatos, mas com uma importante distinção: riqueza é um conceito de *estoque* existente em determinada data. Renda (ou lucro), por sua vez, provém da riqueza; um conceito de *fluxo* no tempo.

Ainda, podemos definir renda como o máximo valor que pode ser consumido pelo seu detentor, durante um período, sem diminuir o estoque de riqueza que a gerou ou afetar sua capacidade geradora no futuro. Renda é o produto da riqueza que pode ser consumido ou reinvestido, sem diminuir o estoque de riqueza que o gerou.

No contexto empresarial, o ativo da empresa é sua riqueza, formada por bens e direitos, também chamada de patrimônio. E os resultados criados durante o período contábil (mês, semestre, ano) correspondem à renda (lucro) proporcionada pelo ativo. Em contrapartida, o lado direito do balanço patrimonial evidencia os capitais próprios e de terceiros que foram aportados para a aquisição do ativo. A tais financiadores pertencem os resultados gerados pelo ativo.

O balanço patrimonial é uma demonstração contábil do tipo "estoque", uma vez que mostra, em determinado instante, os montantes e a composição das fontes e usos dos recursos. A demonstração do resultado do exercício é do tipo "fluxo", visto que especifica a forma pela qual os resultados da gestão dos ativos (renda) foram produzidos e repartidos.

Outro exemplo de linguagem técnica que nem sempre é compatível com a linguagem corrente são os termos custo e despesa. Na contabilidade, eles têm significados distintos.

Despesa representa o efetivo consumo de ativo (recursos), com a finalidade de obter receita. Em consequência, caixa é usado ou dívidas são assumidas, sem se conseguir contrapartida (ativo). Despesas acarretam reduções no patrimônio líquido.

> *Exemplo*
> A empresa adquire, à vista, matérias-primas.
> - É custo ou despesa?

O termo custo, na contabilidade, tem o significado de valor de aquisição ou de transformação de ativos. O custo aparece na aquisição de um ativo e a despesa só existe quando e se esse ativo for consumido ou vendido.

Analisemos: recursos foram sacados do caixa para aquisição de um ativo (matéria-prima). Não observamos consumo de recursos, mas a migração de recursos de um ponto para outro do ativo: de caixa para o estoque. A qualquer momento, podemos realizar o movimento inverso, isto é, uma venda (com ou sem lucro), o que fará com que os recursos retornem ao caixa (em dinheiro ou em direitos a receber).

> *Conclusão*
> Estamos diante de um custo e não de uma despesa.

Muitas dessas situações serão apresentadas e esclarecidas ao longo do livro. O que é fundamental, por ora, é reconhecer que a atividade contábil é realizada por meio de um grande conjunto de procedimentos, o que a torna bastante técnica e dependente da adequada compreensão e aplicação dos conceitos.

Empresas de serviços, comerciais e industriais

De modo geral, a estrutura lógica e os procedimentos da contabilidade são os mesmos para qualquer tipo de empresa. Mesmo assim, vale a pena ressaltar alguns aspectos particulares – nada desprezíveis – que se relacionam com a classificação das entidades em três tipos: prestadora de serviços, comercial e industrial. A contabilização nas empresas prestadoras de serviços é relativamente mais simples. A empresa comercial situa-se num grau intermediário de dificuldade. E a empresa industrial é certamente a mais complexa.

Como regra geral, voltamos a repetir, custo é o valor da obtenção ou produção de ativos por uma empresa. Os custos se transformam em despesa sempre que os ativos correspondentes são consumidos.

A empresa prestadora de serviços incorre em custos quando adquire móveis, imóveis, instalações, equipamentos, instrumentos e outros bens que integram os ativos necessários à sua infraestrutura e operação.

A empresa comercial também incorre em custos ao adquirir equipamentos, instalações, imóveis, entre outros. E, principalmente, incorre em custos ao adquirir seu mais importante ativo: estoque de mercadorias a serem vendidas. Os custos das mercadorias retiradas do estoque transformam-se em despesas do exercício quando transferidas aos clientes em operações de vendas.

Na empresa industrial, ocorre o mesmo processo: os custos serão incorridos na aquisição de ativos e as despesas serão reconhecidas quando e se os ativos forem consumidos, por exemplo, quando das vendas.

Em outros termos, os gastos incorridos no processo produtivo, com insumos, mão de obra e outros são acumulados no custo da produção, que dará origem aos produtos acabados.

A distinção fundamental entre a empresa comercial e a empresa industrial está no fato de que a primeira vende mercadorias (prontas) aos clientes, enquanto a segunda vende produtos por ela fabricados. Entendamos mercadorias como bens recebidos e comercializados sem alterar suas características originais de fábrica.

A empresa comercial não transforma as mercadorias que passam por ela. A atividade industrial se distingue justamente pela transformação de matérias-primas em produtos acabados. O problema contábil central da empresa industrial está na determinação do custo do estoque de produtos acabados que ela gerou e mantém para serem vendidos.

As consequências dessas distinções são várias, por isso vamos a um exemplo ilustrativo.

> Suponhamos que uma fábrica disponha de funcionários aparentemente iguais, distribuídos por vários departamentos, mas basicamente alocados à área industrial e às áreas comercial e administrativa. Do ponto de vista contábil da folha de pagamento, esses funcionários não poderiam ser mais distintos. Os salários pagos aos funcionários da área industrial são custos. Já os salários pagos ao pessoal das áreas comercial e administrativa são despesas. Essa distinção é básica. Vejamos por quê.

Os funcionários da área industrial contribuem direta ou indiretamente para a produção do estoque de produtos acabados da empresa. Eles não são consumidores de ativos; ao contrário, eles são produtores de ativo, porque estão ligados ao processo de transformação de matérias-primas em produtos acabados. Estão engajados no processo de obtenção de ativos. Seus salários e encargos são custos no sentido de valor de aquisição dos ativos.

Quando da transação de venda, haverá geração de receita. E o consumo ou "perda" dos estoques acabados será despesa, incluindo aí os salários e encargos do pessoal da área industrial. Antes disso, não há despesa na produção de estoques.

Já os salários e encargos do pessoal das áreas comercial e administrativa são despesas, porque eles não participam do processo de fabricação de estoques.

Usuários das informações contábeis

De acordo com interesses específicos, há uma variedade de públicos, internos e externos, que buscam apoio às suas decisões nas informações contábeis, em particular nas demonstrações contábeis publicadas. São eles:

- *Investidores: provedores de capital próprio (sócios e acionistas)* – Estes se interessam obviamente pela rentabilidade e segurança do seu investimento. Há os que se situam distantes da direção da empresa e, por isso, necessitam de informações que deem respostas às suas perguntas. Nesse caso, as assembleias e reuniões de sócios são importantes e bastante frequentadas. Há os que participam da administração e, por isso, têm acesso facilitado aos dados que desejam. Há, ainda, os investidores potenciais, que necessitam de informações que lhes possibilitem projetar os resultados da empresa em foco e compará-la com alternativas. O interesse dos sócios ou cotistas muitas vezes é pautado por motivos não exclusivamente financeiros, não se restringindo ao puro retorno do investimento.

- *Analistas de mercado* – Para realizar seu trabalho de orientação de investimentos a seus clientes, os analistas costumam frequentar reuniões e acompanhar de perto eventos que afetam a empresa e o setor a que pertence. As chamadas análises fundamentalistas são bastante comuns.
- *Credores: emprestadores de recursos (bancos e outros financiadores)* – Na condição de emprestadores de fundos para capital de giro e investimentos de longo prazo, estes têm seu foco direcionado para o desempenho corrente da empresa tomadora, a fim de monitorar o risco de inadimplência.
- *Administradores: executivos e gestores em geral* – Como agentes responsáveis pela tomada de decisão dentro de cada empresa ou área, eles se preocupam em dispor de um bom sistema de informação gerencial (SIG). A frequência, qualidade e detalhamento dos dados são fundamentais para a análise de desempenho recente, assim como para controlar e influenciar o futuro. Nesse caso, são melhor atendidos pelas informações provenientes da contabilidade gerencial e da contabilidade de custos, por serem mais analíticas e não sujeitas à regulamentação para divulgação de informações externas.
- *Fornecedores: credores por vendas a prazo* – De forma semelhante aos credores por empréstimos bancários, estes agentes visam assegurar os recebimentos em dia, mas também conservar a relação positiva com o cliente. Tendem a se contentar com o bom histórico da compradora, mais do que com garantias ou repasse de custos financeiros.
- *Clientes: compradores de bens e serviços* – Seu interesse maior é na preservação do relacionamento comercial e na continuidade das operações. Para tanto, buscam informações nas demonstrações financeiras que sinalizem a saúde econômico-financeira dos fornecedores.
- *Empregados, sindicatos e associações* – A apresentação de uma situação patrimonial, econômica e financeira saudável é essencial para manter a confiança dos colaboradores. Estes e seus representantes, naturalmente, desejam ver garantidos seus direitos básicos, assim como o potencial para

obtenção de benefícios complementares, como promoções, oportunidades de treinamento, planos de saúde e de aposentadoria.
- *Governo: órgãos reguladores e arrecadadores* – Esses órgãos têm na informação contábil uma base consistente para fixar impostos e taxas, para realizar análises setoriais e estabelecer políticas de incentivos, para monitoramento da atividade microeconômica, entre outros.

É fácil perceber que cada um dos citados tem interesses distintos. Por conta disso, demandam informações que satisfaçam suas necessidades informativas, sejam elas sobre risco, rentabilidade, liquidez, estabilidade, continuidade operacional e cumprimento de obrigações e normas.

A esse respeito, cabe ressaltar que as demonstrações financeiras são elaboradas e apresentadas para usuários em geral, mesmo em vista de suas finalidades distintas e necessidades diversas. Dessa forma, o objetivo primordial é atender às necessidades comuns da maioria dos usuários, e não de determinados grupos.

A contabilidade financeira e outros ramos

Até agora, abordamos a contabilidade sem maiores distinções, como se houvesse apenas uma. Na realidade, há "diversas contabilidades", ou melhor, segmentos especializados. Vamos distinguir aqui a contabilidade financeira, que é o objeto de interesse neste livro, de outras duas: a contabilidade gerencial e a contabilidade de custos.

A contabilidade financeira é a contabilidade geral, necessária a todas as empresas, para fins de divulgação externa e prestação de contas. Fornece informações básicas a seus usuários – notadamente externos – e é obrigatória para fins fiscais. Sujeita-se à estrutura conceitual em vigor e às disposições legais. Conforme a área ou a atividade em que é aplicada, adota diferentes nomenclaturas e especificidades, tais como: contabilidade bancária, contabilidade agrícola, contabilidade imobiliária, contabilidade securitária, contabilidade pública, contabilidade do agronegócio.

A contabilidade gerencial é voltada para finalidades internas à organização, uma vez que supre os gestores com informações úteis e relevantes para a tomada de decisões. Por suas características, oferece graus de liberdade para a aplicação de critérios, não se restringindo às regras nem a disposições da legislação.

Por sua vez, a contabilidade de custos, um ramo da contabilidade gerencial, aplica-se primordialmente à atividade industrial, de fabricação e transformação de insumos em produtos acabados (ou serviços). Visa ao cálculo e à interpretação dos custos dos bens ao longo do processo produtivo. Suas funções mais relevantes são: auxílio ao controle e apoio à tomada de decisões pelos gestores.

O quadro 1 compara e contrasta algumas características da contabilidade financeira e da contabilidade gerencial/custos.

Quadro 1
Contabilidade financeira x contabilidade gerencial

Contabilidade financeira	Contabilidade gerencial
Geração e divulgação de informações em caráter obrigatório.	Adoção e elaboração facultativas.
Foco nos usuários externos.	Foco nos usuários internos.
Registro de transações ocorridas.	Registro de eventos ocorridos e comparação com as metas de desempenho.
Sujeita-se a regras e disposições legais.	Não se sujeita a regras ou leis.
Ênfase na informação financeira.	Ênfase na informação financeira e não financeira.

Podemos afirmar, ainda, que a evolução da contabilidade está relacionada ao desenvolvimento econômico da sociedade. Na era mercantilista, seu principal objetivo era mensurar a variação do patrimônio. Com o desenrolar da Revolução Industrial, surgiu a necessidade de avaliar produtos fabricados, e não só os adquiridos prontos, dando origem à contabilidade de custos. Esse mesmo desenvolvimento criou a necessidade de informações de caráter gerencial para apoiar as decisões internas às empresas, em especial nas sociedades por ações.

Limitações da contabilidade

Ao passar os olhos pelas demonstrações financeiras, a impressão que temos é que estamos diante de relatórios com informações precisas, uma vez que apresentam cifras monetárias para uma grande e variada gama de itens.

No balanço patrimonial, em especial, o total do ativo "bate" sempre com o total do passivo mais patrimônio líquido na forma de uma verdadeira "balança" em equilíbrio. Entretanto a impressão de exatidão requer cautela. Os valores informados são consequência de inúmeros pressupostos, julgamentos e escolhas.

E os números não informados podem ser muito importantes para ficar de fora, como ocorre com alguns intangíveis (marcas famosas, excelente reputação, clientela fiel, qualidade das equipes, múltiplos canais de distribuição).

As demonstrações financeiras retratam acontecimentos passados, e sua ênfase é na informação de natureza financeira, o que pode não ser suficiente para as necessidades dos usuários. A variação de preços (inflação) incidente sobre os valores monetários é levada em conta em certos casos, sem, contudo, pretender neutralizar os efeitos distorsivos.

Mas, acima de tudo, devemos reconhecer que a missão da contabilidade é ambiciosa e espinhosa. Ambiciosa, pois visa apurar o resultado de entidades as mais diversas, com expectativas de vida imprevisíveis, reduzindo tudo a quantias monetárias específicas, em determinada data ou intervalos regulares de tempo.

A missão é espinhosa, pois lida com organizações de todos os perfis, pertencentes a segmentos econômicos diferenciados, como comercial, industrial e serviços.

Enfim, para um uso adequado da informação de origem contábil-financeira é preciso conhecer o que está por trás do processo de geração dos números e sua apresentação em relatórios. Um dos objetivos deste texto é justamente contribuir para essa tarefa de "decodificação" da contabilidade.

Estrutura conceitual da contabilidade

Não devemos imaginar que a atividade contábil seja realizada com base na criatividade, julgamentos e modelos saídos da cabeça dos profissionais da área. Como ciência social aplicada, é preciso que a contabilidade se modernize e se paute por um arcabouço conceitual que fundamente sua atividade geral e, em particular, a elaboração e apresentação das demonstrações financeiras.

Eis alguns aspectos essenciais a serem considerados:

1) objetivo da elaboração e divulgação de relatório contábil-financeiro;
2) entidade que reporta a informação;
3) características qualitativas da informação contábil-financeira útil;
4) estrutura conceitual para a elaboração e apresentação das demonstrações financeiras.

Para termos uma ideia geral de como isso funciona, focalizemos o item 4, denominado "estrutura conceitual para a elaboração e apresentação das demonstrações financeiras", que parte da premissa da continuidade (*going concern assumption*) e segue com a descrição dos elementos que compõem as demonstrações financeiras e as formas de seu reconhecimento, conforme a orientação do Comitê de Pronunciamentos Contábeis (CPC).

De acordo com o CPC 00 (R1), as demonstrações financeiras são elaboradas tendo como premissa que a entidade está em franca atividade e irá manter-se em operação por tempo indeterminado, ou seja, a entidade não tem a intenção nem a necessidade de cessar suas operações. Caso contrário, as demonstrações financeiras devem seguir outra base de elaboração.

As demonstrações financeiras retratam os efeitos das transações realizadas pela empresa. Para registrá-los, utiliza uma estrutura composta por amplas classes denominadas elementos das demonstrações financeiras.

Os elementos relacionados à mensuração da posição patrimonial e financeira no balanço patrimonial são três: ativo, passivo e patrimônio líquido. Os elementos relacionados à mensuração do desempenho na demonstração do resultado do exercício são dois: receitas e despesas. Vejamos como a estrutura conceitual, descrita pelo CPC 00 (R1), para a elaboração e divulgação de relatório contábil-financeiro, define os três elementos relacionados ao balanço patrimonial.

- *Ativo*: é um recurso controlado pela empresa, como resultado de eventos ocorridos no passado, e do qual se espera que resultem futuros benefícios econômicos para a entidade.

    Notar que a definição dá ênfase ao "controle" do recurso e não à sua propriedade ou posse. E, por benefício econômico futuro, entenda-se o potencial do ativo em contribuir para o fluxo de caixa da entidade.

- *Passivo*: é uma obrigação presente da entidade, derivada de eventos ocorridos no passado, cuja liquidação se espera que resulte na saída de recursos capazes de gerar benefícios econômicos.

    A definição destaca a característica de o passivo ser uma obrigação presente, ou seja, o dever ou responsabilidade de agir de certa maneira. E sua liquidação consome recursos.

- *Patrimônio líquido (PL)*: é o valor residual do ativo da entidade, após a dedução de todo o passivo. Representa os recursos próprios da empresa, provenientes dos proprietários (sócios ou acionistas) e do desempenho das atividades.

Vejamos agora os conceitos dos dois elementos relacionados à mensuração do desempenho na demonstração do resultado do exercício: receitas e despesas.

- *Receitas*: são aumentos nos benefícios econômicos durante o período contábil, na forma de entrada de recursos ou do aumento de ativos ou redução de passivos, que resultem em aumentos do patrimônio líquido e que não sejam provenientes de aporte de capital pelos proprietários.
  Em outros termos, pode-se dizer que receita é uma entrada de um ativo ou redução de um passivo para a empresa, quer seja proveniente de atividade rotineira ou não, exercida por ela, e que aumenta seu patrimônio líquido. Por exemplo, receita oriunda da venda de produtos, da prestação de serviços, da venda de ativos, de rendimentos financeiros. Uma redução de passivo pode ocorrer por liquidação de uma dívida com desconto.
- *Despesas*: são diminuições nos benefícios econômicos durante o período contábil, na forma de saída de recursos ou da redução de ativos ou aumentos de passivos, que resultem em reduções do patrimônio líquido e que não sejam distribuições de lucros aos proprietários.
  A despesa pode ser entendida como o custo do uso ou do consumo de bens e serviços nas atividades da empresa, visando à obtenção de receita. Despesas são sacrifícios de benefícios econômicos. Exemplos de despesas: salários de funcionários, aluguel de imóveis, consumo de estoques, serviços prestados por terceiros, juros de empréstimos.

Sobre este tópico, resta mencionar o do reconhecimento dos elementos das demonstrações financeiras.

Conforme definido pelo CPC 00 (R1), em seu item 4.37, reconhecimento "consiste na incorporação ao balanço patrimonial ou à demonstração do resultado de item que se enquadre na definição de elemento e que satisfaça os critérios de reconhecimento". Envolve a descrição do item, a mensuração do seu montante monetário e sua inclusão na demonstração contábil pertinente.

Convergência internacional da contabilidade brasileira

Na seção precedente, tratamos brevemente da estrutura ou arcabouço conceitual da contabilidade. Em complemento, precisamos fazer menção às transformações que vêm ocorrendo e mudando de forma significativa a maneira de "se fazer contabilidade" no Brasil e em diversos outros países. Trata-se da chamada convergência da contabilidade brasileira às normas e padrões internacionais, cujo ápice aconteceu em 2010. Não há como superestimar a importância desse fenômeno.

De acordo com os autores do *Manual de contabilidade societária* (Gelbcke et al., 2018), a edição da Lei das Sociedades Anônimas, nº 6.404/1976, com seus desdobramentos representou nossa primeira "revolução contábil". Com as Leis nº 11.638/2007 e nº 11.941/2009, a criação do Comitê de Pronunciamentos Contábeis (CPC) e a emissão de pronunciamentos, interpretações e orientações, estamos presenciando a segunda "revolução contábil", provavelmente maior do que a anterior.

Convergência aqui quer dizer alinhamento às normas internacionais emitidas pelo International Accounting Standards Board (IASB), às quais mais de uma centena de países já aderiram.

O IASB foi criado no fim dos anos 1990 com origem no antigo International Accounting Standards Committee (IASC), de 1973. É uma entidade privada e independente, dedicada a estudar, preparar e emitir normas e padrões internacionais de contabilidade. Com sede em Londres, é constituído por mais de 140 entidades profissionais de todo o mundo, incluindo o Brasil. As normas por ele emitidas são os International Financial Reporting Standards (IFRS).

Um importante passo, no Brasil, foi dado em 2005, com a criação do citado CPC. Seis entidades não governamentais entraram em acordo, uniram-se e pediram a formalização do comitê. São elas: Conselho Federal de Contabilidade (CFC), Associação dos Analistas e Profissionais de Investimento do Mercado de Capitais (Apimec Nacional), Associação Brasileira das Companhias Abertas (Abrasca), Bolsa de Mercadorias, Valores e Futuros (BM&F Bovespa, hoje B3 S.A. – Brasil, Bolsa, Balcão), Fundação Instituto de Pesquisas Contábeis, Atuariais e Financeiras (Fipecafi) e Instituto dos Auditores Independentes do Brasil (Ibracon).

Os documentos emitidos pelo CPC compreendem pronunciamentos técnicos, interpretações técnicas e orientações, denominados CPCs. São, basicamente, traduções das normas internacionais emanadas do IASB, com algumas exceções e adaptações. O primeiro desses documentos é o CPC 00 – Pronunciamento

Conceitual Básico (R1) – Estrutura Conceitual para a Elaboração e Divulgação de Relatório Contábil-Financeiro, já mencionado.

> *Pausa para reflexão*
> Quais são as características básicas das IFRS, ou seja, as normas internacionais de contabilidade emitidas pelo IASB?

Resposta:
- são baseadas mais em princípios do que em regras;
- são baseadas na primazia da essência sobre a forma;
- são muito mais importantes os conceitos de controle do que a propriedade, para fins de reconhecimento de ativos;
- a contabilidade é de toda a empresa, não só do contador.

Tipos societários, constituição e funcionamento

Já vimos como os padrões internacionais de contabilidade têm sido importantes para essa atividade no Brasil. Temos de mencionar aqui o amplo conjunto de leis e instituições que emitem normas que disciplinam a constituição e o funcionamento das empresas, incluindo procedimentos contábeis. São exemplos o Código Civil, a legislação comercial, a Comissão de Valores Mobiliários (CVM), o Banco Central e a Receita Federal.

Em complemento, práticas de governança corporativa vêm ganhando força no mercado de capitais brasileiro na forma de melhor prestação de informações aos agentes e compromisso com o cumprimento das regras. A adesão ao Novo Mercado, formalizada por contrato assinado pela BM&F Bovespa, hoje B3, e representantes da companhia é outro exemplo de boa vontade.

As características jurídicas das sociedades devem merecer atenção dos sócios, investidores e credores devido à dimensão das responsabilidades e dos riscos inerentes.

De acordo com Marion e Iudícibus (2009), vejamos alguns aspectos relevantes sobre a forma de constituição das sociedades. Iniciemos pelo conceito de empresa e seus objetivos.

A antiga sociedade comercial é hoje chamada sociedade empresária e tem seus instrumentos de constituição e alterações registrados na Junta Comercial. As antigas sociedades civis são atualmente tratadas por sociedades simples e registradas no cartório de registro civil de pessoas jurídicas.

A sociedade empresária tem por objetivo o exercício de atividade própria de empresário, isto é, aquele que exerce profissionalmente atividade econômica organizada para produção ou circulação de bens e serviços. Indústria, comércio, prestação de serviços em geral caracterizam atividades empresariais.

Em contraste, sociedade simples é aquela que explora atividade de não empresário, tal como a prestação de serviços decorrentes de atividade intelectual: advogados, médicos, dentistas, contadores, engenheiros, entre outros.

Veja, no quadro 2, a segmentação dos dois tipos básicos de sociedade descritos acima.

Quadro 2
Tipos de sociedades

Sociedade empresária	Sociedade simples
Sociedade limitada (Ltda.)	Sociedade limitada (Ltda.)
Sociedade por ações (S/A)	....
Sociedade em nome coletivo*	Sociedade simples ou nome coletivo*
Sociedade em comandita simples*	Sociedade em comandita simples*
Sociedade em comandita por ações*	Cooperativa

* Tipos societários em desuso.

Sociedade limitada

Mais de 90% das empresas brasileiras são constituídas na forma de sociedade limitada (Ltda.). O capital social divide-se em cotas, iguais ou desiguais, cabendo uma ou diversas a cada sócio. É administrada por uma ou mais pessoas designadas no contrato social.

A responsabilidade de cada sócio é restrita ao valor de suas cotas, mas todos respondem solidariamente pela integração do capital social. As deliberações dos sócios serão tomadas em reunião ou em assembleia, conforme previsto no contrato social.

Entre as principais deliberações dos sócios, incluem-se: a aprovação das contas da administração, a designação ou destituição dos administradores, o modo de sua remuneração, modificações no contrato social, incorporação, fusão e dissolução.

As sociedades anônimas, de modo geral, estão sujeitas a um conjunto maior de obrigações legais e societárias do que as sociedades limitadas. Daí muitas empresas brasileiras de porte respeitável e multinacionais serem constituídas sob a forma de sociedades limitadas.

Sociedade por ações

Também denominado sociedade anônima (S/A) ou companhia, este tipo societário tem o capital social dividido em ações e a responsabilidade dos acionistas é limitada ao preço de emissão das ações subscritas ou adquiridas.

Sua constituição depende do cumprimento de requisitos preliminares constantes do estatuto (regras que regem a S/A) e da subscrição, pelo menos por duas pessoas, de todas as ações em que se divide o capital social fixado. Poderá ser por subscrição pública ou por subscrição particular.

Na subscrição pública, o grupo fundador subscreve uma parcela do capital, colocando o restante à venda ao público em geral. É submetida à apreciação da CVM e somente pode ser efetuada com a intermediação de instituição financeira (*underwriter*).

Na subscrição privada o grupo fundador fica com a totalidade do capital por deliberação dos subscritores em assembleia geral ou por escritura pública.

A S/A pode ser uma companhia aberta ou uma companhia fechada. Na primeira modalidade, a captação de recursos é realizada junto ao público. Os valores mobiliários – ações ou debêntures – são admitidos à negociação em bolsa de valores ou no mercado de balcão. Em contraste, a companhia fechada não recorre à poupança pública e obtém recursos entre os próprios acionistas para a formação do seu capital. Sua ação não é cotada em bolsa.

A sociedade por ações sujeita-se a uma série de obrigações legais, como é o caso da realização de assembleia geral, que é a reunião dos acionistas com a finalidade de decidir sobre os negócios relativos ao objeto da empresa e outros assuntos. A assembleia geral ordinária (AGO) deverá ser realizada nos quatro primeiros meses seguintes ao término do exercício social.

Tanto as companhias de capital aberto quanto as de capital fechado devem publicar as demonstrações financeiras ou contábeis.

Ações são títulos de propriedade, representativos das partes em que se divide o capital social de uma sociedade por ações. Uma ação representa a menor fração em que é dividido o capital. O proprietário de uma ação torna-se acionista da companhia.

As ações das S/A dividem-se em ordinárias e preferenciais. As ordinárias são ações comuns, sem restrições nem privilégios, a não ser o direito de voto nas deliberações da assembleia geral. As ações preferenciais têm prioridade na distribuição de dividendos e no reembolso do capital.

As ações ordinárias e as ações preferenciais podem ser nominativas ou endossáveis; com valor nominal e sem valor nominal.

As debêntures são títulos de crédito emitidos por sociedades anônimas, tendo por garantia seus ativos, e são contabilmente classificadas no passivo da companhia. Da mesma forma que as ações, as operações com esses títulos são normatizadas pela CVM.

Cabe mencionar que os órgãos representativos das S/A previstos por nossa legislação são: assembleia geral, conselho de administração, diretoria e conselho fiscal.

Conclusão

Este capítulo tratou de fornecer uma visão panorâmica da contabilidade, suas origens, sua linguagem, seus usuários, outros ramos e limitações do método. Também mostrou a importância da convergência internacional das normas contábeis brasileiras e a estrutura conceitual da contabilidade.

No capítulo seguinte, abordaremos as demonstrações financeiras, mostrando sua estrutura e interpretação, tendo por referência a Cia. Nacional. Elementos complementares às demonstrações também serão apresentados.

2
Demonstrações financeiras e outras informações

Este capítulo destina-se a identificar e apresentar o conjunto de informações requeridas das sociedades anônimas, a título de sua "prestação de contas". Ênfase especial é dada às demonstrações financeiras e elementos complementares. Para ilustração do conteúdo, estrutura e interpretação dos demonstrativos, são reproduzidos elementos de uma empresa brasileira, aqui denominada didaticamente Cia. Nacional.

Conjunto de informações

Conforme dispõe o CPC 26, o conjunto de informações que deve ser divulgado pelas sociedades por ações representando sua "prestação de contas" compreende:

- o relatório da diretoria ou administração;
- as demonstrações financeiras:
    - balanço patrimonial (BP);
    - demonstração do resultado do exercício (DRE);
    - demonstração dos fluxos de caixa (DFC);
    - demonstrações das mutações do patrimônio líquido (DMPL);
    - demonstração do valor adicionado (DVA);
- as notas explicativas;
- o relatório dos auditores independentes.

Na sequência deste capítulo, veremos o que cada um desses documentos proporciona em matéria de informação. Ao longo da apresentação, utilizaremos os dados divulgados por uma empresa brasileira real, sociedade anônima, aqui cognominada Cia. Nacional, que tem como atividade preponderante a fabricação e comercialização de produtos da indústria têxtil. Suas vendas se dão por meio do varejo e de rede de franquias no mercado nacional e internacional. Assim como o nome, os dados estão ligeiramente modificados, por conveniência didática.

Relatório da administração

O primeiro item do citado conjunto de informações é o relatório da diretoria (ou administração). Este evidencia os negócios sociais e principais fatos administrativos ocorridos no exercício, assim como expectativas. As informações se compõem de dados estatísticos diversos, indicadores de produtividade, investimentos realizados em outras empresas, projetos de expansão, política de distribuição de dividendos e de retenção de lucros.

Eis a reprodução de um parágrafo da mensagem da administração da Cia. Nacional:

> *O ano de 20X6 foi marcado por evoluções importantes na companhia em meio a um difícil cenário de vendas, fruto dos desdobramentos das crises política e econômica do país ao longo de todo o ano. A estratégia iniciada no ano anterior avançou pelo ano atual e permanecemos confiantes que sua boa execução, somada à melhora da situação do consumidor, conduzirá a companhia ao próximo ciclo de crescimento.*

Balanço patrimonial

A primeira demonstração contábil citada refere-se ao balanço patrimonial.

O balanço patrimonial (BP) apresenta a posição financeira e patrimonial da entidade, seja esta uma grande companhia, um hospital, um órgão governamental ou uma instituição de ensino. A referência usual neste livro será a empresa com finalidades lucrativas.

O BP é um retrato (uma fotografia, como se costuma dizer) da situação da empresa em determinada data. Essa demonstração é usualmente apresentada com duas colunas: a da esquerda identifica o ativo; a da direita identifica o passivo e o patrimônio líquido.

Veja, no quadro 3, a reprodução do balanço patrimonial da Cia. Nacional, após ligeiras simplificações.

DEMONSTRAÇÕES FINANCEIRAS E OUTRAS INFORMAÇÕES

Note-se o nome da empresa expresso na parte superior do balanço, assim como a data a que ele se refere: 31 de dezembro de 20X6, onde X representa qualquer ano a contar de 2010. Os valores estão representados em milhares de reais e cada uma das colunas evidencia itens e respectivos valores monetários classificados dentro de determinados grupos. No lado esquerdo, os itens estão dispostos por ordem decrescente de liquidez e, no lado direito, por ordem decrescente de exigibilidade. Os totais de ambos os lados são idênticos (seria uma coincidência?).

Quadro 3
Balanço patrimonial da Cia. Nacional

CIA. NACIONAL				
BALANÇO PATRIMONIAL				
EXERCÍCIO FINDO EM 31/12/20X6 (em milhares de reais)				
	Controladora			Controladora
	20X6			20X6
ATIVO		**PASSIVO E PL**		
Circulante		**Circulante**		
Caixa e equivalentes	201.988	Empréstimos e financiam.		2.123
Contas a receber	448.835	Fornecedores		172.034
Estoques	308.086	Salários e encargos sociais		44.733
Impostos a recuperar	25.352	Obrigações tributárias		21.516
Outras contas a receber	18.926	Provisões		26.865
Despesas antecipadas	1.678	Outras obrigações		7.579
	1.004.865			**274.850**
Não circulante		**Não circulante**		
Realizável a longo prazo	94.367	Empréstimos e financiam.		25.612
Aplicações financeiras	4.824	Parcel. tribut. e previdenc.		3.339
Impostos a recuperar	24.631	Provisões		12.891
Impostos diferidos	42.680	Outras obrigações		2.183
Contas a receber	22.232			**44.025**
Investimentos	2.702	**Patrimônio líquido**		
Imobilizado	310.353	Capital social		359.424
Intangível	115.995	Reserva de capital		26.085
	523.417	Ações em tesouraria		-4.614
		Reservas de lucros		822.864
		Outros		5.648
				1.209.407
Ativo total	**1.528.282**	**Passivo e PL total**		**1.528.282**

Como se vê, a linguagem contábil emprega termos que, muitas vezes, têm o mesmo sentido quando empregados no vocabulário cotidiano – estoques, terrenos, edifícios, veículos. Outras vezes, têm sentido específico – caixa e bancos, ativo circulante, intangível, passivo não circulante, capital social – que precisa ser aprendido e dominado pelo interessado. Tais termos serão elucidados na oportunidade devida.

Ativo

Em sentido amplo, conceitua-se o ativo como o conjunto dos recursos econômicos à disposição da empresa. Toda empresa precisa de dinheiro, estoques, móveis, imóveis e outros recursos para poder operar. O balanço patrimonial mostra o valor monetário de cada um dos itens do ativo na data em questão.

> *Por exemplo, o saldo de dinheiro em caixa e equivalentes de caixa da Cia. Nacional em 31-12-20X6 aproximava-se de R$ 202 milhões. As contas a receber de clientes somavam quase R$ 450 milhões. Já os estoques totalizavam R$ 308 milhões nessa data; o imobilizado, R$ 310 milhões, e o intangível, R$ 116 milhões. O total do ativo superava R$ 1,5 bilhão.*

Passivo

O lado direito do balanço patrimonial mostra as fontes de fundos que proveram o ativo da empresa. Essas fontes são de dois tipos gerais: passivo e patrimônio líquido.

O passivo compreende as obrigações da empresa, isto é, os valores a pagar a terceiros em certa data, por recursos a ela fornecidos. Esses terceiros são credores, no sentido de que têm direitos sobre o ativo da empresa.

> *No caso da Cia. Nacional, observa-se que os fornecedores tinham cerca de R$ 172 milhões a receber; os bancos (pelos empréstimos e financiamentos concedidos) tinham R$ 2 milhões a receber no curto prazo e R$ 25,6 milhões a receber em longo prazo. Os empregados (pelos serviços prestados) tinham quase R$ 45 milhões de salários a receber, incluindo os encargos sociais. Enquanto o passivo circulante somava quase R$ 275 milhões, o passivo não circulante era de apenas R$ 44 milhões.*

Ainda que as datas de vencimento dessas obrigações sejam variadas, elas representam dívidas líquidas e certas, no sentido de que os pagamentos serão exigidos da empresa em momentos específicos.

Patrimônio líquido

Outra importante fonte de fundos que a empresa utiliza para adquirir os itens do ativo é chamada de patrimônio líquido. O patrimônio líquido representa o direito que os proprietários têm sobre o ativo da empresa.

> *Veja que os proprietários da Cia. Nacional forneceram quase R$ 360 milhões, tal como identificado pelo item capital social. Adicionalmente, o balanço patrimonial mostrava que a companhia acumulou lucros expressivos, no valor de R$ 823 milhões, identificados por reservas de lucros. O patrimônio líquido somava R$ 1,2 bilhão naquela data.*

Portanto, há duas modalidades principais de fundos que integram o patrimônio líquido: (1) os recursos investidos pelos proprietários em troca de determinada quantidade de ações, cotas ou outras participações, denominados capital social; e (2) a parcela dos lucros gerados pela atividade da empresa e reinvestidos no negócio, chamada reserva de lucros. Esses fundos são "inexigíveis", no sentido de que o patrimônio líquido pertence aos proprietários, mas não têm data de resgate ou vencimento preestabelecida.

Conceitos de curto e longo prazos

De modo geral, para a contabilidade, curto prazo significa um período de até um ano, e longo prazo identifica um período superior a um ano, a contar da data do balanço. Tal forma de classificar tem em vista o interesse financeiro, ou seja, informar o tempo que a empresa leva para recuperar, em dinheiro, o que aplicou no ativo, e o tempo de que ela dispõe para utilizar os recursos obtidos e constantes do passivo.

As duas categorias de ativo: circulante e não circulante

Ativo circulante: apresenta os valores referentes ao caixa e outros ativos que a empresa espera converter em caixa, vender ou consumir no curto prazo, tais como aplicações financeiras, contas a receber e estoques.

> *O ativo circulante da Cia. Nacional compõe-se basicamente de caixa e equivalentes de caixa, contas a receber e estoques, totalizando R$ 1 bilhão.*

As contas a receber representam os valores devidos à empresa por seus clientes em virtude de vendas a prazo. Esse item também é chamado de duplicatas a receber, e tem prazos variados.

Os estoques são constituídos pelos valores dos bens (mercadorias, no caso) destinados à venda. Uma empresa industrial terá como itens de estoque as matérias-primas, os produtos em processo e, ainda, os produtos acabados.

Ativo não circulante: subdivide-se em quatro subgrupos: realizável a longo prazo, investimentos, imobilizado e intangível.

1) O ativo realizável a longo prazo abarca bens e direitos que serão realizados (transformados) em dinheiro em longo prazo, ou seja, em período superior a um ano.
2) Os investimentos abrigam aplicações de caráter duradouro, sejam ações ou cotas de outras sociedades; obras de arte; terrenos para futura expansão ou imóveis para renda etc.
3) O imobilizado é constituído por bens corpóreos que permitam o exercício da atividade da empresa e que são usados por ela para fabricar, comercializar e prestar serviços. São exemplos os prédios de uso, máquinas, equipamentos, ferramentas, instalações, móveis e utensílios, veículos etc.
4) O intangível congrega bens incorpóreos destinados à manutenção da companhia ou exercidos com essa finalidade. Diferenciam-se do ativo imobilizado por não apresentarem característica física. Exemplo: fundo de comércio adquirido.

> *O ativo não circulante da Cia. Nacional compunha-se tão somente de R$ 94 milhões no realizável a longo prazo, em contraste com os R$ 310 milhões investidos no imobilizado e R$ 116 milhões no intangível.*

As duas categorias de passivo: circulante e não circulante

Observando o lado direito do balanço patrimonial, conforme apresentado no quadro 4, identifica-se o passivo circulante, o passivo não circulante e o patrimônio líquido.

Passivo circulante: identifica o valor das dívidas da empresa que possuem vencimento em curto prazo, tais como fornecedores, salários e encargos a pagar, empréstimos bancários a pagar, impostos a recolher etc.

O título fornecedores, ou duplicatas a pagar, identifica as obrigações devidas pela companhia em razão de suas compras a prazo. Trata-se do inverso das duplicatas a receber constantes do ativo.

Os empréstimos representam os valores geralmente obtidos em bancos; os salários constituem os valores a pagar aos empregados, assim como os impostos são os montantes devidos ao governo.

Passivo não circulante: tem a mesma natureza do passivo circulante, exceto pelo fato de que são obrigações a pagar em prazos superiores a 12 meses. Assim, um mesmo item, como empréstimos, por exemplo, pode ter uma parcela circulante (que vence dentro de um ano) e uma parcela exigível a longo prazo (que vence após um ano).

> *A Cia. Nacional possuía empréstimos e financiamentos no valor de R$ 25,6 milhões em seu balanço patrimonial de 31-12-20X6, os quais estavam classificados no passivo não circulante.*

Patrimônio líquido: registra o valor dos recursos obtidos de fontes não exigíveis, ou seja, dos sócios. Engloba essencialmente o capital social, reservas, ações em tesouraria e prejuízos acumulados. O patrimônio líquido também é chamado de capital próprio, pois não tem prazo de devolução, resgate ou vencimento.

> *No caso da Cia. Nacional, podemos identificar dois tipos de fundos próprios: o capital social, no valor de R$ 360 milhões, e as reservas de lucros, no valor de R$ 823 milhões.*

A Cia. Nacional é uma sociedade anônima; portanto, seu capital social é representado por ações. Os investidores que adquirem ações da empresa passam a ser seus proprietários. Eles poderão vender suas participações a outros interessados, mas isso não terá efeito no patrimônio líquido da companhia, já que se trata de uma troca de mãos.

Reservas de lucros é o outro subitem do patrimônio líquido e mostra o montante que a empresa vem acumulando a partir dos lucros gerados em suas operações. Note-se que, dos lucros obtidos em cada período, uma parcela costuma ser retida no negócio e outra é destinada a remunerar os acionistas, na forma de dividendos.

O quadro 4 ilustra a apresentação do balanço patrimonial bicolunado, com seus respectivos elementos e subgrupos.

Quadro 4
Estrutura do balanço patrimonial

ATIVO	PASSIVO E PATRIMÔNIO LÍQUIDO
Ativo circulante	Passivo circulante
Ativo não circulante	Passivo não circulante
Realizável a longo prazo	
Investimentos	Patrimônio líquido
Imobilizado	Capital social
Intangível	Reservas
Ativo total	Passivo e patr. líquido total

Equação fundamental do balanço

É importante fazer uma distinção aqui: os credores podem processar a empresa se ela não pagar o que lhes deve, ao passo que os acionistas têm apenas direito residual, isto é, direito ao ativo da empresa excedente ao que for necessário para atender às reivindicações dos credores.

Em outras palavras, a empresa irá utilizar os elementos do ativo para pagar seus credores. Os bens e direitos que (e se) restarem após a quitação do passivo poderão ser reclamados pelos acionistas. Assim, o total a ser reivindicado da empresa (passivo mais patrimônio líquido) não excederá o que existe para ser reclamado (ativo).

> *De fato, o balanço patrimonial da Cia. Nacional evidencia que, em 31-12-20X6, o total do ativo da empresa era de R$ 1,5 bilhão, tal qual o total do passivo e patrimônio líquido. Veja a ilustração que se segue.*

Cia. Nacional (em milhares de reais)

Ativo =	Passivo	+	Patrimônio líquido
R$ 1.528.282 =	R$ 318.875	+	R$ 1.209.407

Eis aí a equação fundamental do balanço: o ativo deverá sempre se igualar ao montante das fontes que o financiam, quais sejam, o passivo e o patrimônio líquido. Daí o nome balanço patrimonial, uma demonstração semelhante a uma balança, cujas colunas (ou pratos) estão sempre em equilíbrio. Logo, não se trata de coincidência de forma alguma, mas, sim, uma identidade necessária.

Em outras palavras, o balanço patrimonial mostra os recursos segundo dois pontos de vista: como uma relação das aplicações (ativo) e como uma relação das fontes (credores e proprietários). A composição do ativo, formada por caixa, contas a receber, estoques etc. reflete as decisões de investimento dos administradores da empresa; a do passivo e patrimônio líquido, as decisões de financiamento.

Dessa forma, podemos escrever, alternativamente, as seguintes identidades:

Ativo	=	Passivo + patrimônio líquido
Recursos econômicos	=	Reivindicações sobre os recursos
Aplicações de recursos	=	Fonte de recursos
Investimentos	=	Financiamentos

Como os proprietários têm apenas direito residual sobre o ativo, a equação fundamental do balanço pode ser representada, do ponto de vista deles, assim:

Ativo – Passivo	=	Patrimônio líquido

Se uma empresa possui um ativo de R$ 80 milhões e um passivo de R$ 50 milhões, seu patrimônio líquido (a parcela que cabe aos proprietários) será de R$ 30 milhões.

E, se o passivo dessa mesma empresa for de R$ 85 milhões, estamos diante de uma situação especial na qual o patrimônio líquido é negativo:

$$R\$\ 80 - R\$\ 85 = (R\$\ 5\text{ milhões})$$

Também conhecido como passivo a descoberto, essa situação é bastante grave, pois indica que a empresa não dispõe de recursos para honrar seus compromissos.

Demonstração do resultado do exercício

Após discorrer sobre a estrutura e importância do balanço patrimonial, vejamos a segunda mais importante demonstração contábil que faz parte do "pacote de informações" disponibilizadas pelas companhias: a demonstração do resultado do exercício (DRE).

Enquanto o balanço patrimonial apresenta a posição financeira e patrimonial da empresa em determinada data, com seus elementos típicos – ativo, passivo e patrimônio líquido –, a DRE permite identificar aspectos do desempenho da empresa ao longo de determinado período.

O objetivo essencial da DRE é evidenciar as operações e transações realizadas pela empresa durante o exercício social, de forma que se possa conhecer o resultado líquido do período – se foi lucro ou prejuízo –, medido pela confrontação de receitas e despesas.

Deve-se acrescentar que a confrontação de receitas e despesas se dá de acordo com o importante conceito contábil, denominado regime de competência de exercícios. De acordo com este, as receitas e despesas são consideradas em função do seu fato gerador e não em função de recebimentos e pagamentos. Esse regime se opõe ao regime de caixa, segundo o qual são consideradas receitas e despesas do exercício as que são recebidas e pagas dentro desse período.

Na contabilidade, o termo resultado tem a mesma conotação de medida de desempenho e corresponde à mensuração dos acréscimos ou das reduções havidos no patrimônio líquido da companhia. Veja a representação a seguir.

Receita > Despesa	Lucro líquido	Aumento do PL
Receita < Despesa	Prejuízo líquido	Redução do PL

O patrimônio líquido pode sofrer variações ao longo do tempo, em função dos seguintes eventos:

- recebimento de capital dos sócios (aporte inicial e posteriores);

- resultado das atividades rotineiras da empresa;
- distribuição de lucros;
- reserva de capital (entrada de ativos não oriundos do desempenho da atividade da empresa).

Dos itens listados, o componente que mais interfere na formação do patrimônio líquido é o resultado proveniente das atividades rotineiras de comprar e vender. O montante dos lucros, como ele foi obtido e a rentabilidade do período constituem, geralmente, as informações mais visadas de uma empresa.

Para maior entendimento, vejamos os tipos de transações mais comuns em uma empresa comercial e como impactam o ativo, o passivo e o patrimônio líquido, em conformidade com a equação fundamental do balanço.

1) Compra de mercadorias à vista:

Aumento do ativo (estoque) Redução do ativo (caixa)	

2) Compra de mercadorias a prazo:

Aumento do ativo (estoque)	Aumento do passivo (fornecedores)

3) Compra de mercadorias, parte a vista, parte a prazo:

Aumento do ativo (estoque) Redução do ativo (caixa)	Aumento de passivo (fornecedores)

4) Pagamento da dívida com fornecedores:

Redução do ativo (caixa)	Redução de passivo (fornecedores)

5) Transferência de dívida de longo prazo para curto prazo:

	Aumento do passivo (títulos) Redução do passivo (títulos)

6) Integralização de capital em dinheiro:

| Aumento do ativo (caixa) | Aumento do patrimônio líquido (capital) |

7) Devolução de capital a sócio retirante (ou redução de capital):

| Redução do ativo (caixa) | Redução do patrimônio líquido (capital) |

8) Declaração de dividendos a pagar

| | Aumento de passivo
Redução do patrimônio líquido |

Deve-se notar que as transações apresentadas de 1 a 5, embora importantes e rotineiras, não são geradoras de receitas nem de despesas para a empresa. Elas impactam os valores do ativo e do passivo. E as que afetam o patrimônio líquido (números 6, 7 e 8) tampouco se caracterizam como de resultado, pois não atendem às definições de receita e de despesas.

Recordemos as definições vistas anteriormente, por ocasião do estudo da estrutura conceitual da contabilidade.

Receita é a entrada de um ativo ou redução de um passivo para a empresa, quer seja proveniente de atividade rotineira ou não, exercida por ela, e que aumenta o patrimônio líquido, excetuando-se os aportes de capital pelos proprietários. Por exemplo, receita oriunda da venda de produtos, da prestação de serviços, da venda de ativos, de rendimentos financeiros. Uma redução de passivo pode ocorrer por liquidação de uma dívida com desconto.

Despesa é o valor do uso ou do consumo de bens e serviços nas atividades da empresa, visando à obtenção de receita. Despesas são sacrifícios de benefícios econômicos que resultam em decréscimo do patrimônio líquido, aí não se incluindo a distribuição de lucros aos proprietários. Exemplos de despesas são: salários de funcionários, aluguel de um imóvel, consumo de estoques, serviços prestados por terceiros, juros de empréstimos.

Veja no quadro 5 a DRE da Cia. Nacional, após algumas simplificações didáticas.

Quadro 5
DRE da Cia. Nacional

CIA. NACIONAL DEMONSTRAÇÃO DO RESULTADO DO EXERCÍCIO DE 1/1/20X6 a 31/12/20X6 (em milhares de reais)	
	Controladora **20X6**
Receita operacional líquida	1.471.249
Custo dos produtos vendidos	-893.111
Lucro bruto	**578.138**
Despesas operacionais:	
Vendas	-325.344
Administrativas e gerais	-44.572
Honorários da administração	-9.041
Depreciação e amortização	-28.567
Outras (despesas) receitas operacionais	-23.067
	-430.591
Lucro operacional antes do resultado financeiro,	
equivalência patrimonial e impostos:	**147.547**
Receitas financeiras	90.911
Despesas financeiras	-43.926
Resultado financeiro líquido	**46.985**
Equivalência patrimonial	2.644
Lucro líquido antes do IR e contribuição social	197.176
Imposto de renda e contribuição social	2.241
Lucro líquido do exercício	**199.417**

Examinando-se a DRE da Cia. Nacional, constata-se que ela acumulou, ao longo de 20X6, uma receita de vendas de quase R$ 1,5 bilhão, a qual foi suficiente para cobrir o custo dos produtos vendidos, no valor de R$ 893 milhões, deixando um lucro bruto de R$ 578 milhões, ou 39% daquelas. As várias despesas operacionais consumiram R$ 431 milhões, ou seja, 29%, restando um saldo positivo de R$ 148 milhões, ou 10%. Adicionando-se 3% de resultado financeiro líquido, o lucro final do período foi de R$ 199 milhões, correspondente a 13% da receita líquida de vendas.

Demonstração dos fluxos de caixa

Após o estudo do balanço patrimonial e da demonstração do resultado do exercício, vejamos a terceira demonstração contábil obrigatória: a demonstração dos fluxos de caixa (DFC), conforme dispõe o CPC 03.

Lembremos que a DRE propicia a visão do desempenho da empresa segundo o regime de competência de exercícios. Daí a justificativa de se ter uma demonstração adicional que apresente o desempenho do ponto de vista das movimentações de caixa.

A DFC tem por objetivo geral prover os usuários com informações relevantes sobre os pagamentos e recebimentos realizados pela empresa durante determinado período.

Para ter uma ideia, suponha, por exemplo, que determinada empresa tenha realizado vendas no total de R$ 100.000 em 1º de julho e os clientes tenham pago esse montante um mês depois:

- em 1º de julho, data da venda, a receita terá sido de R$ 100.000 e a entrada de caixa igual a zero;
- em 1º de agosto, data do recebimento, a receita terá sido igual a zero e a entrada de caixa de R$ 100.000.

Há dois métodos para se preparar a DFC. Um deles consiste em relacionar as entradas e as saídas ocorridas diretamente na conta caixa. Por isso, é chamado de método direto.

A maioria das empresas opta por outro método, conhecido por método indireto, o qual requer que se analisem a DRE e os itens do BP, a fim de determinar quais eventos modificativos nesses itens envolveram modificação correspondente no caixa.

Eis alguns exemplos de importantes movimentações de caixa que não integram a DRE:

- amortização de empréstimos e financiamentos;
- novos aportes de capital pelos sócios;
- distribuição de lucros e dividendos;
- aquisição de ativos imobilizados;
- investimentos em outras empresas.

Como muito bem apresentado pelo CPC 03, as informações prestadas pela DFC permitem que o interessado avalie:

- a capacidade da empresa de gerar futuros fluxos positivos de caixa;
- a capacidade de honrar seus compromissos financeiros;
- a liquidez e a flexibilidade financeira da empresa;
- a taxa de conversão de lucro em caixa.

Quadro 6
DFC Estrutura

DEMONSTRAÇÃO DOS FLUXOS DE CAIXA (método indireto) DE 1/1/20X6 a 31/12/20X6 (em milhares de reais)	
	Controladora
ATIVIDADES OPERACIONAIS	20X6
Lucro líquido do período	$
Ajustes:	
Lucro líquido ajustado	$
Variações nos ativos e passivos circulantes	$
Caixa líquido gerado (consumido) pelas atividades operacionais	$
ATIVIDADES DE INVESTIMENTO	
Caixa líquido gerado (consumido) nas atividades de investimento	$
ATIVIDADES DE FINANCIAMENTO	
Caixa líquido gerado (consumido) nas atividades de financiamento	$
Aumento (redução) de caixa e equivalentes de caixa	$

Veja, no quadro 6, a estrutura genérica da DFC, segundo o método indireto, com destaque para as três subdivisões básicas: fluxo de caixa das atividades operacionais, de investimento e de financiamento. Para uma visualização mais completa, veja a DFC da Cia. Nacional, no quadro 7.

Quadro 7
DFC da Cia. Nacional

CIA. NACIONAL

DEMONSTRAÇÃO DOS FLUXOS DE CAIXA
De 1/1/20X6 a 31/12/20X6 (em milhares de reais)

	Controladora
Atividades operacionais:	**20X6**
Lucro líquido do exercício	199.417
Ajustes:	
Depreciação e amortização	56.647
Provisão para créditos de liquidação duvidosa	11.922
Outros ajustes	267
Subtotal	68.836
Lucro líquido ajustado	268.253
Variações nos ativos e passivos circulantes	16.967
Caixa líquido gerado pelas atividades operacionais	285.220
Atividades de investimento:	
Dividendos recebidos	3.527
Aquisições de ativo imobilizado	-31.964
Aquisições de ativo intangível	-19.350
Caixa líquido consumido nas atividades de investimento	-47.787
Atividades de financiamento:	
Aplicações financeiras	-1.830
Juros sobre capital próprio e dividendos pagos	-164.033
Empréstimos tomados	27.025
Pagamentos de empréstimos	-1.308
Outros	376
Caixa líquido consumido nas atividades de financiamento	-139.770
Aumento de caixa e equivalentes de caixa	**97.663**
Caixa e equivalentes de caixa:	
Saldo no início do exercício	104.325
Saldo no fim do exercício	201.988
Variação	**97.663**

> A Cia. Nacional, como já sabemos da DRE, gerou um lucro líquido de R$ 199,4 milhões no exercício de 20X6 e este é o primeiro item a abrir a DFC. Verificamos, em seguida, que esse montante subiu para R$ 285 milhões após a adição da depreciação (evento que não afeta o caixa) e o cômputo das variações nos ativos e passivos circulantes. Portanto, esse é o caixa gerado pelas atividades operacionais.
>
> Já as atividades de investimento consumiram quase R$ 48 milhões (basicamente na aquisição de imobilizado e intangível) e as atividades de financiamento consumiram R$ 140 milhões (principalmente com o pagamento de juros sobre capital próprio e dividendos). Como resultado final, tivemos uma geração líquida de caixa e equivalentes de caixa de R$ 97,7 milhões.

Demonstração das mutações do patrimônio líquido

Após o exame do balanço patrimonial, da demonstração do resultado e da demonstração dos fluxos de caixa, abordemos outra demonstração contábil importante, denominada demonstração das mutações do patrimônio líquido (DMPL). Essa demonstração fornece a movimentação ocorrida durante o exercício nos diversos itens que compõem o patrimônio líquido, a saber:

- capital social (investimentos feitos pelos acionistas);
- reservas de capital (ingresso de recursos, mas que não representam receitas);
- reservas de lucros (resultados obtidos e que são apropriados aos vários tipos de reserva de lucros);
- ações em tesouraria (aquisição das próprias ações);
- prejuízos acumulados;
- outros.

A seguir, no quadro 8, veja um modelo simplificado de apresentação da DMPL.

Quadro 8
DMPL Estrutura

CIA. NACIONAL

DEMONSTRAÇÃO DAS MUTAÇÕES DO PATRIMÔNIO LÍQUIDO
DE 1/1/20X6 a 31/12/20X6 (em milhares de reais)

	Capital social	Reservas de capital	Reservas de lucros			Dividendos propostos	Lucros acumulados	Total
			Legal	Estatutária	Expansão			
Saldo inicial								
Aumento de capital								
Lucro do período								
Reserva legal								
Reserva estatutária								
Reserva p/ expansão								
Dividendos								
Saldo final								

Demonstração do valor adicionado

A última demonstração contábil que examinaremos é a demonstração do valor adicionado (DVA), constante do CPC 09. Esse relatório tem por objetivo exprimir o valor da riqueza econômica gerada pelas atividades da empresa e sua distribuição entre os elementos que contribuíram para tal, como empregados, financiadores, acionistas, governo e outros, assim como a parcela da riqueza não distribuída. Veja o quadro 9.

Quadro 9
DVA Estrutura

DEMONSTRAÇÃO DO VALOR ADICIONADO DE 1/1/20X6 a 31/12/20X6 (em milhares de reais)	
	Controladora
	20X6
Receita	$$$
(-) Insumos adquiridos de terceiros	
(=) Valor adicionado bruto	
(-) Depreciação, amortização e exaustão	
(=) Valor adicionado líquido gerado	
(+) Valor adicionado recebido em transferência	
(=) Valor adicionado total a distribuir:	$$$
Pessoal	
Tributos	
Remuneração do capital de terceiros	
Remuneração do capital próprio	
(=) Valor adicionado total distribuído:	$$$

Como se vê por essa estrutura, a DVA é uma demonstração do tipo dedutiva, que começa com a receita de vendas da companhia, seguida por algumas adições e subtrações, até chegar ao valor adicionado total a distribuir. Esse montante, por sua vez, é destinado a remunerar aqueles que contribuíram para a geração da riqueza, na forma de salários, tributos, juros, aluguéis, dividendos e retenção de lucros.

Fazendo a leitura da DVA da Cia. Nacional no quadro 10, constata-se que a empresa gerou R$ 720 milhões de valor adicionado, dos quais a grande parte veio das suas atividades de vendas, como seria de se esperar. Desse total, 34% foram destinados a remunerar o pessoal; 28% ficaram com o capital próprio e 27% foram utilizados para satisfazer tributos. Os 12% restantes couberam a terceiros. Teria sido este um desempenho satisfatório?

Quadro 10
DVA da Cia. Nacional

CIA. NACIONAL

DEMONSTRAÇÃO DO VALOR ADICIONADO
DE 1/1/20X6 a 31/12/20X6 (em milhares de reais)

	Controladora 20X6
Receita	1.732.389
(-) Insumos adquiridos de terceiros	-1.049.598
(=) Valor adicionado bruto	682.791
(-) Depreciação, amortização e exaustão	-56.647
(=) Valor adicionado líquido gerado	626.144
(+) Valor adicionado recebido em transferência	93.911
(=) Valor adicionado total a distribuir:	720.055
Pessoal	243.326
Tributos	192.543
Remuneração do capital de terceiros	84.769
Remuneração de capitais próprios	199.417
(=) Valor adicionado total distribuído:	720.055

Notas explicativas

A Lei nº 11.638/2007 e o CPC 26 afirmam que as demonstrações financeiras devem ser complementadas por notas explicativas, quadros analíticos ou outros relatórios necessários à plena avaliação da situação e da evolução patrimonial da empresa.

O mínimo exigido é que essas notas informem a base de preparação das demonstrações e as práticas contábeis aplicadas, descrição dos critérios de avaliação dos elementos patrimoniais, participações relevantes em outras empresas, ônus sobre o ativo, detalhamento de dívidas de longo prazo, composição do capital social e outros fatos que influenciaram ou influenciarão os negócios.

A seguir, exemplos de notas explicativas da Cia. Nacional.

Contexto operacional

> *A Cia. Nacional, com sede em São Paulo, capital, e unidades de produção em diversos estados, foi fundada em 1980 e tem como atividade preponderante a fabricação e comercialização de produtos da indústria têxtil.*
>
> *As ações da companhia são negociadas no segmento do Novo Mercado da Bovespa, sob o código NACX2.*

Caixa e equivalentes de caixa

> *Incluem os saldos em caixa, contas correntes (depósitos bancários à vista) e aplicações financeiras consideradas de liquidez imediata ou conversíveis em um montante conhecido de caixa e que estão sujeitos a um insignificante risco de mudança de valor.*

Ativo intangível

> *A empresa possui marcas e patentes, fundo de comércio e softwares como ativos intangíveis. Todos possuem vidas úteis definidas....*

Relatório dos auditores independentes

Ressalte-se que as demonstrações financeiras são sempre de responsabilidade da administração da empresa e são assinadas por contabilista autorizado. A responsabilidade dos auditores é a de expressar uma opinião sobre as demonstrações financeiras com base em auditoria conduzida de acordo com as normas brasileiras e internacionais.

Eis, a seguir, exemplo sumário de opinião emitida pelo auditor independente a respeito dos relatórios da Cia. Nacional, com ligeiras simplificações.

Opinião

> *Examinamos as demonstrações financeiras da Cia. Nacional, que compreendem o balanço patrimonial em 31 de dezembro de 20X6, e as respectivas demonstrações do resultado, das mutações do patrimônio líquido e dos fluxos de caixa para o exercício findo nessa data, bem como as correspondentes notas explicativas.*
>
> *Em nossa opinião, as demonstrações financeiras acima referidas apresentam adequadamente, em todos os aspectos relevantes, a posição patrimonial e financeira da Cia. Nacional, em 31 de dezembro de 20X6, o desempenho de suas operações e seus respectivos fluxos de caixa para o exercício findo nessa data, de acordo com as práticas contábeis adotadas no Brasil e com as normas internacionais (IFRS).*

Conclusão

Este capítulo foi dedicado ao estudo do conjunto de informações que as sociedades preparam e divulgam aos interessados, especialmente para o público externo. Nesse amplo conjunto destacam-se as cinco demonstrações financeiras fundamentais, cuja exemplificação foi auxiliada pelos dados da Cia. Nacional.

O próximo capítulo abordará a mecânica contábil, isto é, os sistemas contábeis utilizados para gerar as demonstrações financeiras. Partindo da abordagem didática propiciada pelo método dos balanços sucessivos, serão explorados diversos aspectos, como registro em contas, livros contábeis razão e diário, as convenções do débito e crédito e os procedimentos para encerramento das contas.

3
Registros e sistemas contábeis

Neste capítulo, estudaremos as formas de "fazer a contabilidade", iniciando com uma metodologia simplificada, mas bastante elucidativa chamada "contabilidade por balanços sucessivos". Para entender esse importante aspecto das variações patrimoniais, iremos considerar uma série de transações realizadas por uma floricultura hipotética, chamada Cia. das Flores, recém-constituída por dois sócios.

Método dos balanços sucessivos

Recordemos que os valores dos itens integrantes do ativo, do passivo e do patrimônio líquido de uma empresa variam continuamente, à medida que esta realiza transações diversas. Logo, os saldos constantes do balanço patrimonial também variam.

Acompanhe os eventos ocorridos no primeiro mês e sua representação nos balanços sucessivos, sempre de acordo com a equação fundamental do balanço:

Ativo (lado esquerdo) = passivo + patrimônio líquido (lado direito)

Os efeitos das transações estão marcados com fundo cinza para que se possam identificar claramente os itens movimentados. Tais itens são chamados "contas" ou rubricas.

A) Em 2/1, os sócios abriram uma conta-corrente no banco em nome da empresa e depositaram $ 1.000, a título de integralização do capital inicial. Também admitiram duas funcionárias (uma administrativa, outra vendedora) e alugaram um imóvel para instalar a loja.

Efeito: aumento no ativo circulante (na conta banco) e contrapartida no PL (na conta capital social). A admissão das funcionárias e o contrato de aluguel não geraram lançamentos nessa data.

A		CIA. DAS FLORES	
		Balanço patrimonial em 2/1/XX	
ATIVO		PASSIVO e PL	
Circulante		Patrimônio líquido	
Banco	1.000	Capital social	1.000
Total do ativo	1.000	Total do passivo e PL	1.000

B) Em 3/1, foram feitas diversas instalações na loja, no valor de $ 100, à vista.
Efeito: aumento no ativo não circulante (instalações) e diminuição simultânea no ativo circulante (banco), pelo pagamento. Veja:

B		CIA. DAS FLORES	
		Balanço patrimonial em 3/1/XX	
ATIVO		PASSIVO e PL	
Circulante			
Banco	900	Patrimônio líquido	
Não circulante		Capital social	1.000
Instalações	100		
Total do ativo	1.000	Total do passivo e PL	1.000

C) Em 5/1, foram adquiridos móveis e utensílios à vista, no valor de $50.
Efeito: idem à transação anterior, ou seja, aumento no ativo não circulante (conta móveis) e concomitante diminuição no ativo circulante (conta banco). Verifique:

C		CIA. DAS FLORES	
		Balanço patrimonial em 5/1/XX	
ATIVO		PASSIVO e PL	
Circulante			
Banco	850		
Não circulante		Patrimônio líquido	
Instalações	100	Capital social	1.000
Móveis	50		
Total do ativo	1.000	Total do passivo e PL	1.000

D) Em 7/1, foi adquirido um veículo para entregas, no valor de $ 90. Foram pagos $ 30 no ato e o restante dividido em duas parcelas iguais.
Efeito: aumento no ativo não circulante (conta veículo); diminuição do ativo circulante (conta banco) pela parcela paga à vista, e aumento do passivo circulante (conta títulos a pagar) pelo financiamento de curto prazo obtido.

D		CIA. DAS FLORES	
		Balanço patrimonial em 7/1/XX	
ATIVO		PASSIVO e PL	
Circulante		Circulante	
Banco	820	Títulos a pagar	60
Não circulante		Patrimônio líquido	
Instalações	100	Capital social	1.000
Móveis	50		
Veículo	90		
Total do ativo	**1.060**	**Total do passivo e PL**	**1.060**

E) Em 10/1, foram compradas diversas mercadorias para revenda, à vista, no valor de $ 200.
Efeito: aumento no ativo circulante (conta mercadorias) e correspondente diminuição no ativo circulante (banco), pelo pagamento efetuado.

E		CIA. DAS FLORES	
		Balanço patrimonial em 10/1/XX	
ATIVO		PASSIVO e PL	
Circulante		Circulante	
Banco	620	Títulos a pagar	60
Mercadorias	200		
Não circulante			
Instalações	100	Patrimônio líquido	
Móveis	50	Capital social	1.000
Veículo	90		
Total do ativo	**1.060**	**Total do passivo e PL**	**1.060**

> *Pausa para reflexão*
> O que essas transações – A, B, C, D e E –
> têm de característico?

Nota-se que, a partir da constituição da empresa com o aporte inicial feito pelos sócios, inicia-se uma sequência de compras de bens necessários à realização das atividades da empresa, tais como instalações, móveis e veículo. Em seguida, há aquisição de mercadorias (para revenda). Para a contabilidade, essas são transações permutativas, uma vez que, à exceção do capital social, se refletem apenas no ativo e no passivo. Não há ocorrência de receita ou despesa e, portanto, não há modificação no patrimônio líquido. Até este ponto, não houve operação lucrativa. E os balanços sucessivos desse período mostram isso.

Vejamos mais um conjunto de transações (F, G e H) realizadas pela Cia. das Flores.

F) Em 12/1, foram vendidas mercadorias à vista, no valor de $ 40. O custo das mercadorias vendidas foi de $ 20.

Efeito: aumento do ativo circulante (banco) em $ 40 e diminuição do ativo circulante (mercadorias) em $ 20. Com isso, há um excedente de $ 20 no ativo. Como nada se altera no passivo, a contrapartida será um aumento de $ 20 no patrimônio líquido (conta lucro).

F		CIA. DAS FLORES	
		Balanço patrimonial em 12/1/XX	
ATIVO		**PASSIVO e PL**	
Circulante		Circulante	
Banco	660	Títulos a pagar	60
Mercadorias	180		
Não circulante			
Instalações	100	**Patrimônio líquido**	
Móveis	50	Capital social	1.000
Veículo	90	Lucro	20
Total do ativo	**1.080**	**Total do passivo e PL**	**1.080**

G) Em 14/1, foram vendidas mercadorias a prazo, no valor de $ 30. O custo das mercadorias vendidas foi de $ 15.

Efeito: idem ao lançamento anterior, ou seja, aumento do ativo circulante (conta clientes) em $ 30 e diminuição do ativo circulante (mercadorias) em $ 15. A diferença positiva de $ 15 é um aumento no patrimônio líquido (conta lucro).

G	CIA. DAS FLORES	
	Balanço patrimonial em 14/1/XX	
ATIVO	**PASSIVO e PL**	
Circulante	**Circulante**	
Banco	660	Títulos a pagar	60
Clientes	30		
Mercadorias	165		
Não circulante			
Instalações	100	**Patrimônio líquido**	
Móveis	50	Capital social	1.000
Veículo	90	Lucro	35
Total do ativo	**1.095**	**Total do passivo e PL**	**1.095**

H) Em 16/1, houve nova venda de mercadorias, no valor de $ 50, sendo metade à vista e metade a prazo. O custo das mercadorias vendidas foi de $ 30.

Efeito: aumento do ativo circulante (conta banco) no valor de $ 25, recebidos à vista e aumento do ativo circulante (clientes) pela parcela de $ 25 a crédito. Diminuição do ativo circulante (mercadorias), em $ 30. Aumento do patrimônio líquido (lucro) pela diferença positiva de $ 20.

H	CIA. DAS FLORES	
	Balanço patrimonial em 16/1/XX	
ATIVO	**PASSIVO e PL**	
Circulante	**Circulante**	
Banco	685	Títulos a pagar	60
Clientes	55		
Mercadorias	135		
Não circulante			
Instalações	100	**Patrimônio líquido**	
Móveis	50	Capital social	1.000
Veículo	90	Lucro	55
Total do ativo	**1.115**	**Total do passivo e PL**	**1.115**

> *Pausa para reflexão*
> O que essas transações – F, G e H –
> têm de especial?

Trata-se de três operações de venda, sendo uma à vista, outra a prazo e a última, parte à vista, parte a prazo. Essa é a atividade-fim da floricultura: adquirir mercadorias e revendê-las. Até esse momento as vendas totalizaram $ 120 ($ 40 + $ 30 + $ 50), com um "sacrifício" de $ 65 ($ 20 + $ 15 + $ 30) e, portanto, deixando um excedente de $ 55. Cabe notar que a condição de venda, se à vista, a prazo ou mista, não impede o reconhecimento do lucro na mesma ocasião, visto que o regime aplicado é o da competência de exercícios e não o regime de caixa.

Os eventos em questão geraram para a empresa a entrada de ativos na forma de dinheiro ou de direitos a receber, caracterizando-se como receitas. Para a obtenção dessas receitas, a empresa consumiu parte dos seus bens (estoques), incorrendo em despesas.

É importante, ainda, destacar que, na atividade comercial, o consumo de estoques pela venda representa um legítimo sacrifício de ativos, tradicionalmente designado custo da mercadoria vendida (CMV), ou custo das vendas. Na realidade, é uma despesa necessária para a obtenção da receita. Vejamos a seguir mais quatro transações: I, J, K e L.

I) Em 18/1, parte dos valores das mercadorias vendidas a crédito – $ 10 – foi recebida.
Efeito: aumento do ativo circulante (banco) pela entrada dos recursos e diminuição do ativo circulante (clientes), pelo mesmo valor.

I		CIA. DAS FLORES	
		Balanço patrimonial em 18/1/XX	
ATIVO		**PASSIVO e PL**	
Circulante		**Circulante**	
Banco	695	Títulos a pagar	60
Clientes	45		
Mercadorias	135		
Não circulante			
Instalações	100	**Patrimônio líquido**	
Móveis	50	Capital social	1.000
Veículo	90	Lucro	55
Total do ativo	**1.115**	**Total do passivo e PL**	**1.115**

J) Em 22/1, foram pagos $ 30 por conta do veículo financiado.
Efeito: diminuição do ativo circulante (banco) pela saída de recursos e respectiva diminuição do passivo circulante (títulos a pagar) pela redução da dívida com terceiros.

J	CIA. DAS FLORES		
	Balanço patrimonial em 22/1/XX		
ATIVO		**PASSIVO e PL**	
Circulante		**Circulante**	
Banco	665	Títulos a pagar	30
Clientes	45		
Mercadorias	135		
Não circulante			
Instalações	100	**Patrimônio líquido**	
Móveis	50	Capital social	1.000
Veículo	90	Lucro	55
Total do ativo	**1.085**	**Total do passivo e PL**	**1.085**

K) Em 25/1, mercadorias foram compradas, no valor de $ 400, sendo 25% à vista e o restante a prazo.
Efeito: aumento no ativo circulante (conta mercadorias); diminuição do ativo circulante (conta banco) pela parcela paga à vista e aumento do passivo circulante (fornecedores) pelo crédito obtido nas compras.

K	CIA. DAS FLORES		
	Balanço patrimonial em 25/1/XX		
ATIVO		**PASSIVO e PL**	
Circulante		**Circulante**	
Banco	565	Títulos a pagar	30
Clientes	45	Fornecedores	300
Mercadorias	535		
Não circulante			
Instalações	100	**Patrimônio líquido**	
Móveis	50	Capital social	1.000
Veículo	90	Lucro	55
Total do ativo	**1.385**	**Total do passivo e PL**	**1.385**

L) Em 28/1 foram vendidas por $ 300, à vista, mercadorias que custaram $ 200.
Efeito: aumento no ativo circulante (banco) pelo recebimento e redução do ativo circulante (mercadorias) pela entrega ao comprador, originando um excedente de $ 100 no patrimônio líquido (conta lucro).

L		CIA. DAS FLORES	
		Balanço patrimonial em 28/1/XX	
ATIVO		PASSIVO e PL	
Circulante		Circulante	
Banco	865	Títulos a pagar	30
Clientes	45	Fornecedores	300
Mercadorias	335		
Não circulante			
Instalações	100	Patrimônio líquido	
Móveis	50	Capital social	1.000
Veículo	90	Lucro	155
Total do ativo	1.485	Total do passivo e PL	1.485

> *Pausa para reflexão*
> O que se nota nesse conjunto
> de transações: I, J, K e L?

Na transação I, há um recebimento de cliente, com efeito permutativo dentro do ativo circulante (transformação de contas a receber em depósito bancário). Na transação J, há uma simples saída de recurso para pagamento da prestação do veículo. Na transação K, há uma compra de mercadorias para estoque, sendo parte à vista, parte a prazo. Na transação L, há uma venda de mercadorias à vista, com lucro.

As três primeiras transações são permutativas, impactando tão somente o ativo e o passivo. A transação L, no entanto, consiste na venda de mercadorias por valor superior ao custo, na forma de receita e CMV, com impacto positivo sobre o patrimônio líquido (lucro).

Prosseguindo com as quatro últimas transações do mês: M, N, O e P.

M) Em 30/1, foram calculados o salário do mês da funcionária administrativa, no valor de $ 10, e as comissões da vendedora, no valor de $ 15. Ambas as despesas serão pagas no dia cinco do mês seguinte, conforme contrato.

Efeito: diminuição do patrimônio líquido (conta lucro) pelo reconhecimento das despesas e aumento do passivo circulante (contas salários e comissões a pagar) pelo registro dessas obrigações.

M		CIA. DAS FLORES	
		Balanço patrimonial em 30/1/XX	
ATIVO		PASSIVO e PL	
Circulante		Circulante	
Banco	865	Títulos a pagar	30
Clientes	45	Fornecedores	300
Mercadorias	335	Salários a pagar	10
Não circulante		Comissões a pagar	15
Instalações	100	Patrimônio líquido	
Móveis	50	Capital social	1.000
Veículo	90	Lucro	130
Total do ativo	1.485	Total do passivo e PL	1.485

N) Em 31/1, foram calculadas as depreciações do imobilizado, totalizando $ 5 no mês.

Efeito: diminuição do ativo não circulante (depreciação) e diminuição do patrimônio líquido (conta lucro). O registro da depreciação se refere ao uso do bem na atividade da empresa. O assunto será detalhado no capítulo 4.

N		CIA. DAS FLORES	
		Balanço patrimonial em 31/1/XX	
ATIVO		PASSIVO e PL	
Circulante		Circulante	
Banco	865	Títulos a pagar	30
Clientes	45	Fornecedores	300
Mercadorias	335	Salários a pagar	10
Não circulante		Comissões a pagar	15
Instalações	100	Patrimônio líquido	
Móveis	50	Capital social	1.000
Veículo	90	Lucro	125
(-) Depreciação	5		
Total do ativo	1.480	Total do passivo e PL	1.480

O) Em 31/1, foi pago o aluguel do imóvel no período, no valor de $ 30.
Efeito: diminuição do ativo circulante (conta banco) e diminuição do patrimônio líquido (conta lucro).

O		CIA. DAS FLORES	
		Balanço patrimonial em 31/1/XX	
ATIVO		**PASSIVO e PL**	
Circulante		Circulante	
Banco	835	Títulos a pagar	30
Clientes	45	Fornecedores	300
Mercadorias	335	Salários a pagar	10
Não circulante		Comissões a pagar	15
Instalações	100	**Patrimônio líquido**	
Móveis	50	Capital social	1.000
Veículo	90	Lucro	95
(-) Depreciação	5		
Total do ativo	**1.450**	**Total do passivo e PL**	**1.450**

P) Em 31/1, foram pagas diversas contas (água, energia elétrica, telefone, internet, impostos e taxas) no montante de $ 35. E, com isso, encerrou-se o mês e, portanto, o período contábil.

Efeito: diminuição do ativo circulante (conta banco) pelos pagamentos e diminuição do patrimônio líquido (conta lucro) pelo mesmo valor.

P		CIA. DAS FLORES	
		Balanço Patrimonial em 31/1/XX	
ATIVO		**PASSIVO e PL**	
Circulante		Circulante	
Banco	800	Títulos a pagar	30
Clientes	45	Fornecedores	300
Mercadorias	335	Salários a pagar	10
Não circulante		Comissões a pagar	15
Instalações	100	**Patrimônio líquido**	
Móveis	50	Capital social	1.000
Veículo	90	Lucro	60
(-) Depreciação	5		
Total do ativo	**1.415**	**Total do passivo e PL**	**1.415**

> *Pausa para reflexão*
> O que se nota nesse conjunto de transações:
> M, N, O e P?

São transações que caracterizam a ocorrência de despesas diversas, ou seja, o custo com que a empresa teve de arcar para realizar suas atividades e gerar receitas. Houve sacrifício econômico durante o período contábil para fazer uso dos serviços das funcionárias, uso dos bens do imobilizado, uso do imóvel alugado e consumo de serviços de terceiros (como as concessionárias de serviços públicos). Todos são eventos que resultaram em decréscimo do patrimônio líquido. Outros tipos de despesas poderiam ter sido considerados, visto que se trata do encerramento do período contábil (mensal), quando, em geral, se faz a apuração dos tributos, juros, honorários, seguros, combustível etc.

Problema dos balanços sucessivos

Pelo balanço patrimonial de 31/1/XX da Cia. das Flores, constata-se que a floricultura encerrou o período contábil (mês de janeiro) com um resultado positivo de $ 60, como mostrado no patrimônio líquido (conta lucro). Quer dizer que as receitas superaram as despesas por esse valor. O acompanhamento desses efeitos de aumento ou diminuição do PL é fundamental para se analisar o desempenho da empresa ao longo do tempo.

Neste ponto, temos de convir que a informação será ainda mais satisfatória se o usuário tiver acesso não só ao saldo, mas à composição do resultado líquido, na forma de uma demonstração analítica ou de um relatório à parte, complementar ao BP. Eis aí uma boa justificativa para a elaboração e apresentação da demonstração do resultado do exercício (DRE), já conhecida das seções anteriores.

Veja, a seguir, como poderia ser estruturada a DRE da floricultura.

CIA. DAS FLORES		
Demonstração do resultado de 2/1/XX a 31/1/XX		
RECEITA DE VENDAS		420
(-) Custo das vendas		265
Lucro bruto		155
Despesas		
(-) Despesa com comissão de vendas	15	
(-) Despesa com salários	10	
(-) Despesa de aluguel	30	
(-) Despesa de depreciação	5	
(-) Despesas gerais	35	95
Lucro líquido		60

Dessa forma, a divulgação dupla, tanto do balanço patrimonial quanto da demonstração do resultado do exercício (além dos outros relatórios e dados), fornecerá ao usuário um conjunto de informações que melhor orientará suas decisões. Com efeito, as duas demonstrações complementam-se: a primeira mostra uma situação momentânea; a segunda mostra o fluxo de receitas e despesas ocorrido ao longo do período.

Mas nem tudo são flores!

Aqui é necessário fazer algumas observações (e ressalvas) ao método de registro apresentado.

Primeiro, há de se reconhecer a facilidade de entendimento dos registros de eventos na forma de balanços sucessivos. Por outro lado, fica claro que o registro de cada operação diretamente no balanço patrimonial exige a repetição de todos os itens, e não só os movimentados. Dependendo do porte da empresa, a quantidade de registros pode ser enorme, tornando o sistema inviável ou antieconômico. Na prática, a metodologia apresentada não é eficiente. Assim, no dia a dia, são necessárias outras formas de registros e controles das operações, sem a necessidade de se estruturar um balanço após cada transação.

Registro das operações em contas

Em vez de atualizar os saldos e elaborar um novo balanço patrimonial após cada transação, como visto na seção anterior, os contadores utilizam um artifício chamado "conta" para documentar as alterações na estrutura patrimonial da empresa, decorrentes de sua atividade. Assim, reportam balanços periódicos, geralmente mensais ou trimestrais, em lugar de balanços instantâneos.

A conta é uma unidade de registro e acumulação de valores. É a representação contábil de elementos patrimoniais de natureza igual ou semelhante. Pode acumular valores de fatos específicos ou de fatos semelhantes que possam ser agrupados.

Por exemplo, a empresa pode utilizar uma única conta de estoque para registrar os vários tipos de estoques existentes (mercadorias, materiais, produtos em processo, produtos acabados) ou usar uma conta específica para cada elemento. O conjunto formado por balcões, prateleiras, mesas, cadeiras etc. costuma ser representado em uma única conta, denominada "móveis e utensílios". Dinheiro em caixa e em depósitos bancários pode ser identificado pela conta "disponível".

Enfim, as contas são separadas por sua natureza, se de ativo, passivo ou patrimônio líquido, e codificadas de forma criteriosa. Ao conjunto de contas organizado e utilizado por uma empresa para registro de suas transações específicas chama-se "plano de contas".

O plano de contas deve definir claramente a função de cada conta, especificando os eventos que devem ser registrados em cada uma delas, para assegurar a uniformidade.

Para a construção do plano de contas, estas são aglutinadas em quatro ou cinco grandes grupos, sendo cada grupo dividido em subgrupos, até que se chegue ao nível da conta. Por exemplo:

Grupo: Ativo → *Subgrupo*: Circulante → *Conta*: Caixa

Razão e razonetes

No passado, as contas eram registradas nas páginas de um livro chamado "razão" e essa denominação permanece até hoje para designar o histórico do registro das transações de uma entidade em um período contábil. Com o passar do tempo, os registros passaram a ser feitos em folhas soltas, depois em fichas e, modernamente, são arquivados no computador. Na sua representação mais simples ou didática, a conta é representada por uma grande letra T, chamada conta T ou razonete, com seu nome indicado acima do T. No lado esquerdo são registradas as aplicações de recursos e no lado direito são registradas as origens. Veja o exemplo:

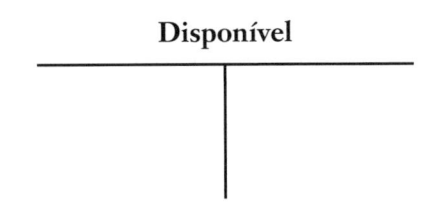

Disponível

Transações que afetam a conta disponível (caixa e bancos) durante o período contábil podem tanto aumentar quanto diminuir seu saldo. Como essa conta pertence ao ativo e este fica do lado esquerdo do balanço patrimonial, aumentos na conta disponível serão registrados no lado esquerdo e diminuições no lado direito.

Supondo-se que a conta disponível tenha um saldo inicial (Si) de $ 50.000, a representação será:

Disponível

(Si) 50.000	
Aplicação de recursos	Origens de recursos

Após a ocorrência das transações relacionadas adiante, como ficarão os registros respectivos na conta disponível e o saldo final (Sf)?

Transações: a empresa Hipotética Ltda.

a) Recebeu $ 5.000 de um cliente.
b) Tomou um empréstimo bancário de $ 20.000.
c) Pagou $ 15.000 a um fornecedor.
d) Vendeu mercadorias por $ 5.000, à vista.

Disponível

(Aumentos)	(Reduções)
(Si) 50.000	15.000 (c)
(a) 5.000	
(b) 20.000	
(d) 5.000	
80.000	15.000
(Sf) 65.000	

Ao final do período e depois de efetuados todos os registros, soma-se cada coluna e destaca-se o saldo final à esquerda da conta.

Regras para aumentos e reduções nas contas

Na conta disponível, aumentos são registrados do lado esquerdo e reduções são registradas do lado direito.

> Esta é a regra para todas as contas de ativo!

Considere que a Hipotética Ltda., mesma empresa do exemplo anterior, apresente a seguinte situação em relação às contas disponível e contas a receber:

Disponível	Contas a receber
50.000 (Si)	80.000

Transação: um cliente da empresa quita sua dívida no valor de $ 5.000. Como serão feitos os lançamentos nas contas T respectivas?

Disponível	Contas a receber
(Si) 50.000	80.000 | 5.000 (a)
(a) 5.000	

Como houve entrada de dinheiro, a conta disponível foi aumentada em $ 5.000 e, por isso, o registro foi efetuado no lado esquerdo da conta T. O contrário aconteceu com contas a receber, que foi reduzida em $ 5.000 e, por isso, o registro deu-se no lado direito da conta T respectiva.

Como se nota, mais uma vez, a contabilidade requer que cada transação seja registrada de forma a preservar a equação fundamental: ativo = passivo + patrimônio líquido.

> *Recapitulando*
> Para as contas de ATIVO:
> aumentos são registrados do lado esquerdo;
> reduções são registradas do lado direito.

Considere agora que a Hipotética Ltda. levante um empréstimo bancário de $ 20.000. Como ficarão os registros nas contas T referentes ao disponível (ativo) e à dívida (passivo)?

Disponível		Empréstimos	
50.000			xxx (Si)
(a) 5.000			20.000
(b) 20.000			

A entrada de dinheiro aumentou o disponível da empresa e, por isso, foi registrada no lado esquerdo da conta T.

Já a conta empréstimos, por ser de passivo, teve um aumento e o registro será feito do lado direito do razonete. Esta é a regra para todos os passivos e patrimônio líquido.

> *Recapitulando*
> Para as contas de PASSIVO e PL:
> aumentos são registrados do lado direito;
> reduções são registradas do lado esquerdo.

Regra prática

- As contas de ativo ficam do lado esquerdo do balanço patrimonial e seus aumentos são registrados do lado esquerdo da conta T.
- As contas de passivo e as de patrimônio líquido ficam do lado direito do balanço patrimonial e seus aumentos são registrados do lado direito da conta T.

- As diminuições são registradas nos lados opostos.

Contas de ativo		Contas de passivo e de PL	
Aumentos	Diminuições	Diminuições	Aumentos

As convenções de débito e de crédito

De acordo com a convenção adotada na contabilidade para a utilização dos razonetes, o lado esquerdo da conta é chamado de lado do débito, e o lado direito, de lado do crédito.

Desse modo, em vez de dizer que aumentos no disponível são registrados no lado esquerdo da conta disponível e diminuições são registradas no lado direito, os contadores dizem que o disponível foi debitado ou o disponível foi creditado, conforme seja um aumento ou uma diminuição.

As regras contábeis para o lado esquerdo e o lado direito das contas podem ser agora reformuladas para:

- aumentos de ativo: débito ou debitar;
- diminuições de ativo: crédito ou creditar;
- aumentos de passivo e patrimônio líquido: crédito ou creditar;
- diminuições de passivo e patrimônio líquido: débito ou debitar.

Contas de ativo		Contas de passivo e de PL	
Aumentos	Diminuições	Diminuições	Aumentos
DÉBITO	CRÉDITO	DÉBITO	CRÉDITO

Uma empresa possui ou não possui bens e direitos (ativo). Não existem bens e direitos negativos. Portanto, as contas de ativo possuem saldo devedor ou nulo.

Uma empresa possui ou não possui dívidas (passivo). Não existem dívidas negativas. Portanto, as contas de passivo possuem saldo credor ou nulo.

O patrimônio líquido (ativo menos passivo) pode ser positivo, nulo ou negativo.

Vejamos outros exemplos de transações envolvendo o BP e os respectivos registros:

a) **Mercadorias adquiridas à vista por $ 5.000**
   Debitar mercadorias
       Creditar disponível

b) **Mercadorias adquiridas a prazo por $ 10.000**
   Debitar mercadorias
       Creditar fornecedores

c) **Pagamento a fornecedor no valor de $ 4.000**
   Debitar fornecedores
       Creditar disponível

d) **Recebimento de clientes no valor de $ 8.000**
   Debitar disponível
       Creditar clientes

Por fim, deve-se notar que o total de débitos para qualquer transação deve sempre igualar-se ao total de créditos. Ou seja, o total das origens é igual ao total das aplicações. Com isso, torna-se fácil verificar e certificar-se de que não houve erro de lançamento.

Mecanismo de registro nas contas de resultado

Nas regras e exemplos aqui abordados, enfatizamos os procedimentos de registro aplicáveis às contas do balanço patrimonial: ativo, passivo e patrimônio líquido.

Agora, veremos como proceder com as contas da demonstração do resultado (DRE).

Como já visto, a DRE reporta as receitas e despesas de um dado período, e a diferença positiva entre elas representa lucro.

Receitas ocasionam aumentos no patrimônio líquido durante o período. Despesas ocasionam diminuições no patrimônio líquido.

Foi mencionado há pouco que aumentos de patrimônio líquido são registrados como créditos porque representam origens de recursos para a entidade. Como as receitas aumentam o patrimônio líquido, estas devem ser registradas a crédito. O inverso ocorre com as despesas, que, por diminuírem o patrimônio líquido, devem ser registradas a débito, porque representam aplicações de recursos para a entidade.

Essas regras são muito importantes, pois elas governam o registro de todas as transações contábeis. Aliás, aqui cabe um alerta: débito e crédito em contabilidade não têm conotação negativa ou positiva, como pode ocorrer na linguagem comum. São convenções baseadas na lógica de origens e aplicações de recursos.

Aliás, note que aumentos no ativo são registrados a débito da conta respectiva, assim como aumentos de despesas também são lançados a débito.

Exemplo de registro de operações no razão

Retornemos às operações realizadas pela Cia. das Flores no mês de janeiro/XX, o primeiro de sua existência. Suas operações foram escrituradas pelo sistema de balanços sucessivos e sabemos o quanto esse método é, ao mesmo tempo, simples e ineficiente.

Agora, iremos realizar a escrituração das mesmas operações, só que utilizando o sistema de razonetes ou razão, cujas qualidades e características já foram mencionadas. Para tanto, serão abertas tantas contas-T quantas forem as contas movimentadas, envolvendo o ativo, o passivo, o patrimônio líquido e as contas de resultado.

Serão aplicadas as regras apresentadas sobre como registrar aumentos e reduções. Os registros identificarão cada transação com uma letra maiúscula disposta junto ao T. Letras minúsculas serão utilizadas para identificar o encerramento das contas de resultado.

Para facilitar a exposição, repetiremos aqui as transações (de A a P) realizadas pela Cia. das Flores, mas de forma sintética.

Transações:
- A. Em 2/1: os sócios integralizaram *capital* no valor de $ 1.000, em dinheiro.
- B. Em 3/1: feitas diversas *instalações* na loja no valor de $ 100 à vista.
- C. Em 5/1: compra de *móveis* e *utensílios*, no valor de $ 50, à vista.
- D. Em 7/1: compra de um *veículo* no valor de $ 90. Dados $ 30 no ato e o restante pago em duas parcelas iguais.
- E. Em 10/1: compra de diversas *mercadorias* para revenda no valor de $ 200 à vista.
- F. Em 12/1: venda de *mercadorias* no valor de $ 40 à vista. O custo das mercadorias vendidas foi de $ 20.
- G. Em 14/1: venda de *mercadorias* no valor de $ 30 a prazo. O custo das mercadorias vendidas foi de $ 15.
- H. Em 16/1: nova venda de *mercadorias* no valor de $ 50, sendo metade à vista e metade a prazo. O custo das mercadorias vendidas foi de $ 30.
- I. Em 18/1: recebimento de parte das *mercadorias* vendidas a crédito, no valor de $ 10.
- J. Em 22/1: pagos $ 30 por conta do *veículo* financiado.
- K. Em 25/1: compra de *mercadorias* no valor de $ 400, sendo 25% à vista e o restante a prazo.
- L. Em 28/1: venda de *mercadorias* no valor de $ 300 à vista. O custo das mercadorias vendidas foi de $ 200.
- M. Em 30/1: calculados o *salário* de $ 10 e as *comissões de vendas*, de $ 15. Ambos serão pagos no dia cinco do mês seguinte.
- N. Em 31/1: calculadas as *depreciações* do imobilizado totalizando $ 5.
- O. Em 31/1: pago o *aluguel* do imóvel no período no valor de $ 30.
- P. Em 31/1: pagas *diversas contas* (água, energia, telefone), no montante de $ 35.

CIA. DAS FLORES

ATIVO

Banco

A	1.000	100	B
F	40	50	C
H	25	30	D
I	10	200	E
L	300	30	J
		100	K
		30	O
		35	P
	1.375	575	
	800		

Clientes

G	30	10	I
H	25		
	55	10	
	45		

Mercadorias

E	200	20	F
K	400	15	G
		30	H
		200	L
C	600	265	
	335		

Instalações

B	100

Móveis e utensílios

C	50

Veículo

D	90

Depreciação acum

	5	N

PASSIVO e PL

Títulos a pagar

J	30	60	D
		30	

Fornecedores

		300	K

Salários a pagar

		10	M

Comissões a pagar

		15	M

Capital social

		1.000	A

Lucros acumulados

		60	h

RESULTADO

Receita de vendas

		40	F
		30	G
		50	H
		300	L
a	420	420	

Custo das vendas

F	20	
G	15	
H	30	
L	200	
	265	**265**	b

Despesas de salários

M	10	**10**	c

Despesas de comissões

M	15	**15**	d

Despesa depreciação

N	5	**5**	e

Despesa de aluguel

O	30	**30**	f

Despesas gerais

P	35	**35**	g

Apuração do resultado

b	265	420	a
c	10		
d	15		
e	5		
f	30		
g	35		
	360	420	
h	**60**	60	

Apuração dos saldos e encerramento das contas

Como esperado, as transações foram registradas a débito e a crédito das contas T, conforme o caso, e, no final do período, foram apurados os saldos das contas. Observamos que:

- as contas de ativo apresentam saldo devedor, à exceção da depreciação acumulada, que é uma conta redutora;
- as contas de passivo e de patrimônio líquido apresentam saldo credor;
- as contas de receita e de despesa apresentam saldo nulo, pois a mecânica de encerramento requer que seus valores sejam transferidos para uma conta intermediária, chamada apuração do resultado. Nesta, se o total dos saldos credores transferidos for superior ao total dos saldos devedores, o saldo final será credor, o que significa que a empresa obteve lucro no período. Tais lançamentos estão identificados por letras minúsculas (de **a** até **h**).

Feito isso, a etapa derradeira consiste em também encerrar a conta apuração do resultado, pela transferência do seu saldo para a conta de patrimônio líquido, denominada lucros (ou prejuízos) acumulados. No caso da floricultura, o resultado final foi positivo em $ 60, o qual será destinado a contas de reservas e lucros a distribuir. A DMPL detalha esta última movimentação.

No esquema a seguir é demonstrado como se dá a transferência do saldo da conta de receita de vendas (no valor de $ 420) e do custo das vendas (no valor de $ 265) para a conta apuração do resultado (letras **a** e **b**), e, desta, para a conta de lucros acumulados (letra **h**), do balanço patrimonial, no PL. Todas as contas de receita e de despesa do período recebem o mesmo tratamento.

	Custo das vendas				Apuração do resultado				Receita de vendas	
F	20								40	F
G	15								30	G
H	30								50	H
L	200								300	L
	265	265	b	b	265	420	a	a	420	420
				c	10					
				d	15					
				e	5					
				f	30					
				g	35					
	Lucros acumulados				360	420				
	60	h		h	60	60				

Devemos observar que a conta apuração do resultado corresponde a uma apresentação simplificada da DRE, pois reúne todas as contas de receitas e despesas ocorridas no período. Ou, em sentido inverso, a DRE corresponde à demonstração detalhada e ordenada de todas as informações sobre as receitas e despesas que compõem a conta apuração do resultado.

Por fim, observamos que as contas de receita e de despesa são contas periódicas, pois somente deverão conter registros para um ano, ou período menor, o que implica que terão saldo nulo no início dos períodos. Já as contas de ativo, de passivo e de patrimônio líquido são contas permanentes, uma vez que seus saldos são transportados para o próximo período contábil.

Diário e partidas de diário

Já foi visto que razão é o conjunto de registros de forma ordenada e cronológica das transações. Na prática, as transações não são registradas diretamente no razão. Antes, elas são escrituradas no livro diário, uma espécie de planilha com colunas que especificam a data da operação, as contas movimentos, histórico descritivo da operação e valor.

O registro de uma operação no livro diário denomina-se partida de diário. O método universalmente utilizado é o das partidas dobradas.

O livro diário é um documento obrigatório pela legislação societária vigente, ou seja, Lei nº 11.638, de dezembro de 2007. Por esse sistema, a escrituração deve ser rigorosamente cronológica e da seguinte forma: a conta a ser debitada é registrada em primeiro lugar, com o correspondente valor indicado na coluna de débito. A conta a ser creditada é listada logo abaixo, com um pequeno recuo à direita, com o respectivo valor.

De forma simplificada e esquemática, veja o exemplo a seguir.

Transação: em 28 de janeiro foram vendidas por $ 300, à vista, mercadorias que custaram $ 200. O registro dessa transação no livro diário conterá, basicamente, os seguintes elementos:

Partida de diário

Data	Transação	Débito	Crédito
28/1/XX	Disponível	300	
	Receita de vendas		300
	(histórico)		
28/1/XX	Custo das vendas	200	
	Mercadorias		200
	(histórico)		

Depois de feitas as partidas de diário, os lançamentos são transportados para o razão, como segue.

Razão

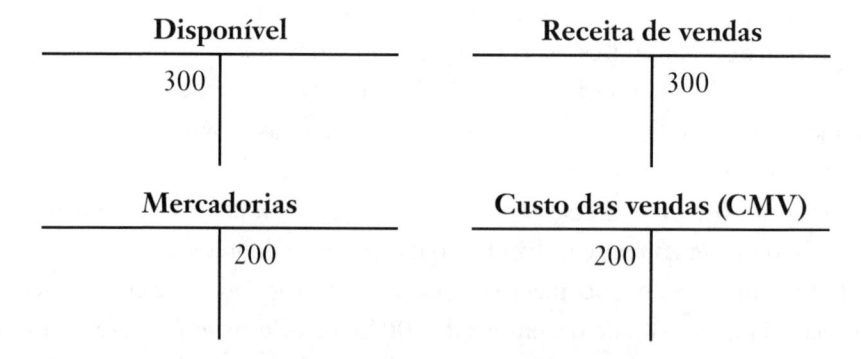

Disponível	Receita de vendas
300	300

Mercadorias	Custo das vendas (CMV)
200	200

Por fim

Cabe anotar que toda transação requer pelo menos duas modificações em contas. Essas modificações são registradas primeiramente no diário e depois são transferidas para o razão.

Conclusão

Este capítulo abordou o processo de se "fazer a contabilidade". É até possível conhecer a linguagem contábil e tirar proveito das informações presentes nas demonstrações financeiras, sem uma familiaridade maior com a escrituração contábil. Entretanto, o conhecimento do sistema de registro contábil é não só criativo (existe há séculos), como também muito esclarecedor e convincente quando compreendemos as convenções de débito e crédito e a forma de registro em contas.

O próximo capítulo tratará de dois temas específicos: estoques e ativo imobilizado. Ambos são muito importantes e envolvem aspectos que merecem ser explorados à parte.

4
Tópicos especiais: estoque e ativo imobilizado

Em função das particularidades envolvidas, este capítulo dedica-se a dois temas especiais da contabilidade: estoques e ativo imobilizado. Em relação ao primeiro, aborda aspectos operacionais de como calcular o custo das vendas e o valor dos estoques. Depois, trata da tipologia do imobilizado, da natureza da depreciação e de outras questões correlatas.

Estoques: considerações iniciais

Os estoques, importante item classificado no ativo circulante, estão fortemente relacionados com as atividades operacionais das empresas, e sua correta avaliação é crucial para a apuração do valor a constar do balanço, assim como para a apuração do resultado do período. São formados, em geral, por mercadorias, matérias-primas, produtos em fabricação e bens em almoxarifado.

Obviamente, os estoques são adquiridos ou produzidos com o objetivo de serem comercializados, gerando receita. À diferença entre o valor obtido nas vendas e o custo dos produtos vendidos, denomina-se resultado bruto. Veja:

> Resultado bruto com vendas = receita de vendas – custo das vendas

Na maioria das empresas o custo das vendas é o maior item de despesa, podendo chegar a 85% da receita de vendas, no caso de um supermercado, e situar-se entre 60% e 70% em empresas industriais.

Outras denominações, mais específicas para esse mesmo item, são: custo das mercadorias vendidas (CMV); custo dos produtos vendidos (CPV) e custo dos serviços prestados (CSP), conforme se trate de empresas comerciais, industriais ou de serviços, respectivamente.

Na demonstração do resultado (DRE) apresentada anteriormente para a Cia. das Flores, o primeiro item subtraído da receita de vendas foi identificado como custo das vendas, e o fato interessante a ser notado agora é que o valor do CMV era dado a cada transação.

De que forma esse custo foi apurado?

Em algumas empresas, confrontar o custo das vendas com a receita de vendas é fácil e objetivo. Por exemplo, uma revendedora de veículos de luxo mantém registro do custo de cada automóvel em estoque. Se, em determinado mês, a loja vendeu dois automóveis, um por $ 150.000, cujo custo foi $ 140.000, e outro por $ 250.000, que havia custado $ 235.000, a receita de vendas do período será registrada de maneira muito simples, seguida dos respectivos custos incorridos. Veja:

Receita de vendas	$ 150.000 + $ 250.000 = $ 400.000
(-) Custo das vendas	$ 140.000 + $ 235.000 = $ 375.000
Lucro bruto	$ 25.000

Esse é o método que faz a identificação específica das unidades movimentadas.

Sistemas de inventário: permanente e periódico

Um sistema de inventário concerne à maneira como uma empresa administra, controla e avalia seus estoques. Há dois tipos de sistema bastante utilizados: permanente e periódico.

No sistema de inventário permanente, há controle contínuo das entradas e saídas de mercadorias, em quantidade e em valores. O custo das mercadorias vendidas e o valor dos estoques são apurados a cada operação de compra ou de venda. Com isso, é possível um melhor controle do nível dos estoques, planejamento de compras e acompanhamento de custos.

Por exemplo, uma loja que vende motocicletas pode manter um registro permanente de estoques, por tipo, utilizando uma ficha como a seguinte.

TÓPICOS ESPECIAIS: ESTOQUE E ATIVO IMOBILIZADO

Tabela 1
Moto modelo XBR, custo unitário $ 10.000

Data	Entradas		Saídas		Saldo estoque	
	Quant.	Valor	Quant.	Valor	Quant.	Valor
2/1/XX					5	**50.000**
7/1			1	10.000	4	40.000
10/1	10	100.000			14	140.000
22/1			5	50.000	9	90.000
30/1			2	20.000	7	70.000
Totais	10	**100.000**	8	**80.000**	7	**70.000**

Notamos que, no início do mês de janeiro, a empresa detinha cinco unidades, ao custo de $ 10.000 cada, correspondente a um estoque inicial de $ 50.000. As entradas (compras) realizadas no período totalizaram $ 100.000, resultando numa disponibilidade de $ 50.000 + $ 100.000 = $ 150.000. Como as saídas (CMV) do mês somaram $ 80.000, o saldo final de estoques é de $ 150.000 – $ 80.000 = $ 70.000.

Concluindo

Quando se utiliza o sistema de controle permanente de estoques, como já ilustrado, torna-se fácil encontrar, a qualquer momento, os valores do CMV e do estoque, bastando consultar a ficha de controle.

Como estimar o custo das mercadorias vendidas

Quando se utiliza o sistema de controle permanente de estoques, tal como já apresentado, torna-se muito fácil encontrar o custo das vendas de cada mês.

Entretanto, empresas que possuem muitos itens de valor pequeno em estoque podem não se encantar com o sistema permanente. Em consequência, deverão obter o custo das vendas por outra via.

Vamos supor que uma empresa comercial qualquer possua um dado estoque inicial em 2 de janeiro de 20XX e que esse estoque custou $ 200.000. Compras feitas durante o ano somaram $ 300.000. Portanto, o custo das mercadorias disponíveis para venda em 20XX totalizou $ 200.000 + $ 300.000 = $ 500.000. Após um levantamento físico em 31 de dezembro de 20XX, constatou-se a existência de um estoque final no valor de $ 150.000. A partir desses dados, pode-se deduzir que o custo das vendas de 20XX foi o expresso no quadro 11.

Quadro 11
Custo das vendas

Estoque inicial	200.000
(+) Compras no período	300.000
Mercadorias disponíveis	500.000
(-) Estoque final	150.000
Custo das vendas	350.000

Obviamente, todos os itens foram computados pelo valor de custo, considerando que o objetivo é obter o valor das mercadorias que foram vendidas.

Pode-se, ainda, representar a situação vista por meio do seguinte diagrama:

Origem das mercadorias = Destino das mercadorias
$ 500.000 $ 500.000

Estoque inicial 200.000	Estoque final 150.000
Compras no período 300.000	Custo das vendas 350.000

Ao adotar esse procedimento para cálculo do custo das mercadorias vendidas, está implícito que os bens que não foram vendidos encontram-se no estoque da empresa no final do período.

Ocorre que os bens podem ser furtados, sofrer danos, estar deteriorados ou vencidos e mesmo haver erro na escrituração. O cálculo correto do custo das vendas deverá levar em conta possíveis discrepâncias entre os registros e as existências reais.

Resumindo

Muitas empresas não mantêm um controle individual dos itens em estoque. Elas deduzem o custo das vendas, por meio da soma do estoque inicial com as compras do período e subtração do estoque final, como segue:

$$CMV = EI + C - EF$$

Isto requer que se faça um inventário periódico, ou seja, um levantamento físico das existências (uma contagem das unidades existentes), ao menos uma vez por ano. Nessa ocasião, procede-se também ao acerto de eventuais diferenças.

Critérios para a avaliação de estoques

No exemplo da loja de motocicletas, apresentado anteriormente, a empresa dispunha de um estoque inicial de cinco unidades e fez uma única compra no mês de janeiro de 10 unidades. E mais importante, os itens tinham o mesmo custo de $ 10.000 cada.

Na realidade, o custo de bens comprados em diferentes datas costuma variar. Por exemplo, quando há inflação, os custos dos bens tendem a subir ao longo do tempo, fazendo com que o valor das compras seja diferente. Outros fatores que influenciam os preços são o tipo de mercadoria, a demanda, a concorrência e a sazonalidade.

Veja um exemplo em que as mercadorias são adquiridas a custos diferentes.

Quadro 12
Cálculo do custo das vendas

		Unidades	Custo unitário	Custo total
2/1	Estoque inicial	500	$ 2,00	$ 1.000
15/1	Compra	250	$ 2,10	$ 525
25/1	Compra	250	$ 2,20	$ 550
	Mercadorias disponíveis	1.000		$ 2.075
31/1	Estoque final	500	?	?
Mês	Custo das vendas	500	?	?

Diante de tal situação, como apurar o valor do estoque final e o custo das vendas?

Há diversos critérios para a avaliação de estoques, e eles se referem à forma de atribuição de valores aos itens remanescentes em estoque e às mercadorias vendidas. Ou seja, referem-se à forma pela qual a empresa avalia as mercadorias que permanecem em seu poder e o custo das mercadorias que foram vendidas.

Há, inicialmente, o método da atribuição de custo específico a cada unidade, tal como feito no exemplo utilizado da concessionária de automóveis. Tal sistema de controle individual é indicado justamente para casos em que os estoques são reduzidos e de baixo giro.

Há ainda três abordagens bastante conhecidas e que se baseiam em diferentes suposições acerca do fluxo de custos:

- a primeira mercadoria que entra é a primeira que sai – PEPS;
- a última mercadoria que entra é a primeira que sai – UEPS;
- média ponderada móvel – MPM ou custo médio ponderado – CMP.

Critério da primeira a entrar, primeira a sair (PEPS)

Por essa abordagem, adota-se a suposição de que os estoques são vendidos segundo a ordem cronológica de entrada dos itens na empresa. Ou seja, os primeiros itens a entrar são os primeiros a sair. Em consequência, no exemplo dado, o estoque final estará formado pelas compras realizadas em 15 e 25 de janeiro e o custo das vendas refere-se aos itens que existiam no início do mês:

Quadro 13
PEPS

	Unidades	Custo total
Mercadorias disponíveis	1.000	$ 2.075
(-) Estoque final, em 31/1:		
250 unidades a $ 2,10	250	525
250 unidades a $ 2,20	250	550
500 unidades	500	1.075
Custo das vendas	500	$ 1.000

Critério da última a entrar, primeira a sair (UEPS)

Nessa abordagem, a suposição é inversa à anterior, ou seja, os últimos itens a entrar para o estoque da empresa são os primeiros a serem considerados vendidos. Se a empresa vendeu 500 unidades, estas se referem às unidades adquiridas em 25 de janeiro e 15 de janeiro. Nesse caso, o estoque final será idêntico ao estoque que existia no início do mês.

Quadro 14
UEPS

	Unidades	Custo total
Mercadorias disponíveis	1.000	$ 2.075
(-) Estoque final, em 31/1:		
500 unidades a $ 2,00	500	1.000
Custo das vendas	500	$ 1.075

Critério do custo médio ponderado (CMP)

A última abordagem parte da suposição de que os itens em estoque devem ter seus custos unitários calculados com base numa média ponderada. Assim, como havia 1.000 unidades disponíveis para venda ao custo total de $ 2.075, o custo médio unitário será $ 2,075. E como foram vendidas 500 unidades, isto é, metade das mercadorias disponíveis, o custo das vendas e o estoque final serão coincidentes em **$ 1.037,50**.

Comparação dos resultados

Empresas que transacionam com mercadorias e produtos perecíveis tentam vendê-los mais ou menos segundo a ordem cronológica de entrada nos estoques. Seriam os casos de floriculturas, açougues, padarias, frutarias. O método do primeiro a entrar, primeiro a sair (PEPS) seria o mais indicado.

Obviamente não é esse o caso de outros tipos de negócios. Daí a importância de conhecer as consequências da adoção deste ou daquele critério de avaliação de estoques.

O método do custo específico resulta numa contabilização mais correta, mas sabemos que sua aplicação não é tão simples quando se tem grande quantidade e variedade de itens em estoque.

No caso dos outros três métodos de avaliação de estoques, obtivemos os resultados demonstrados no quadro 15.

Quadro 15
Comparação dos resultados

	PEPS	UEPS	CMP
Estoque final	$ 1.075	$ 1.000	$ 1.037,50
Custo das vendas	$ 1.000	$ 1.075	$ 1.037,50

Está evidente que o custo das vendas e o estoque final variam bastante conforme a abordagem empregada. E isso será sempre verdadeiro quando os preços estiverem sujeitos a aumentos sucessivos, como é típico de períodos inflacionários.

O impacto mais visível dessas variações dá-se no cômputo do imposto de renda (IR), pois o custo das vendas é um item que se deduz da receita de vendas para se chegar ao lucro tributável. Assim, sob o UEPS, a empresa apurará um maior custo e consequente menor lucro sujeito ao IR, o que representa uma vantagem para a empresa no curto prazo.

Ocorre que as empresas não são livres para escolher o critério de sua preferência, pois a legislação tributária de cada país acaba interferindo nessas opções. O critério mais largamente utilizado no Brasil é o custo médio ponderado (CMP). Em muitos países o UEPS não é permitido para fins fiscais.

Observações sobre estoques em empresas industriais e de serviços

Varejistas, atacadistas e distribuidoras são empresas comerciais. Eles vendem produtos finais (ou mercadorias) que adquiriram de outras empresas.

Empresas que transformam matérias-primas em produtos finais e depois os comercializam são empresas industriais.

A empresa comercial compra seus produtos já prontos para a venda, e o custo de cada item vem explicitado na fatura. Via de regra, são esses os valores de custo que ela deverá registrar no estoque.

A empresa industrial agrega valor às matérias-primas adquiridas e, por isso, deverá incluir os custos de conversão no valor do estoque e no custo das vendas. Tal mensuração, como se pode imaginar, poderá ser complicada.

Segue uma breve introdução ao tratamento dispensado ao estoque nas empresas manufatureiras, como também são chamadas.

O custo de um produto final fabricado compõe-se, basicamente, dos três elementos seguintes:

- custo dos materiais empregados diretamente na fabricação do produto;
- custo da mão de obra aplicada diretamente na elaboração do produto;
- *overhead*, ou seja, outros custos gerais, também chamados de custos indiretos de fabricação (CIF) associados ao processo de produção.

Alguns materiais não são empregados diretamente no produto. Os materiais que são usados *diretamente* no produto são chamados materiais diretos. De modo semelhante, a mão de obra empregada diretamente na elaboração do produto é chamada mão de obra direta. O *overhead* compreende todos os demais custos de produção.

Os três componentes do custo de produção são adicionados para se determinar o custo total de um produto acabado. Quando o produto é vendido, esse montante torna-se o custo das vendas (CPV).

Por exemplo, se a fabricação de um produto requer $ 150 de materiais diretos, $ 100 de mão de obra direta e $ 50 de *overhead*, seu custo final será $ 300. É por esse valor que ele constará no estoque da empresa. Quando for vendido, o mesmo valor será lançado na DRE como custo das vendas.

O processo de atribuir custos aos produtos em fabricação é tema da contabilidade de custos.

Organizações prestadoras de serviço, como bancos, hotéis, consultorias, transportes e instituições de ensino, também têm de lidar com a formação de custos de forma semelhante à descrita.

Custos de produto e custo de período

Outra segregação importante para os fins da contabilidade é a que distingue os custos em:

- custos de produto: aqueles associados à fabricação de produtos;
- custos de período: aqueles associados às vendas e às atividades gerais do período contábil.

Por exemplo: o salário da funcionária do departamento de vendas (ou de RH) deve ser considerado um custo de período. Já o custo da funcionária do departamento de operações da fábrica deve ser tratado como custo de produto.

É mais fácil identificar o custo dos materiais diretos (MD) e o custo da mão de obra direta (MOD). A mensuração dos custos indiretos de fabricação costuma ser mais difícil. Os custos indiretos de fabricação são adicionados aos custos de MD e MOD a fim de se apurar o montante pelo qual os produtos deverão ser custeados e lançados ao estoque.

Para ilustrar esse ponto, imagine que durante o mês de dezembro uma empresa despendeu com a fabricação de certo produto as importâncias de $ 50.000 com MD, $ 20.000 com MOD e 10.000 em *overhead*. Em consequência, seu estoque (AC, BP) será acrescido de $ 80.000, se não houver nenhuma venda no período. Se esses mesmos produtos forem vendidos no mês, o custo das vendas (DRE, CMV) será de $ 80.000.

Resumindo

Os custos de produto não afetam o resultado até que o produto seja vendido. Só nesse momento eles se transformam em custo das vendas.

Os custos de período são tratados como parte das despesas operacionais do período no qual foram incorridos.

Em suma, os custos de período impactam o resultado no período em que são incorridos. Os custos de produto impactam o resultado no período em que os produtos são vendidos.

Considerações finais

Além das operações básicas de compra e venda apresentadas neste capítulo, é necessário mencionar que há outros aspectos relevantes a serem considerados no que tange ao tratamento contábil dos estoques, tanto no comprador quanto no vendedor. São eles:

- devoluções e abatimentos;
- descontos (comerciais e financeiros);
- gastos adicionais (fretes, seguros, manuseio);
- tributos recuperáveis e não recuperáveis (ICMS, IPI, PIS, Cofins);
- ajustes ao valor de mercado e a valor presente.

Dada a especificidade desses itens, eles não serão abordados aqui, mas registre-se a observação de que não deverão ser menosprezados em um estudo mais aprofundado do tema.

Ativo imobilizado: considerações iniciais

Já foi visto que o ativo é dividido em dois grupos: ativo circulante (AC) e ativo não circulante (ANC). O AC é formado por caixa e equivalentes de caixa, contas a receber de clientes, estoques e outros itens que a entidade espera converter em caixa no curto prazo, ou seja, em um período de um ano para a maioria das empresas.

Recapitulando, o ativo não circulante (ANC) é constituído por itens que não se destinam a venda, mas são utilizados, por exemplo, como meios de produção (imobilizado) ou meios de se obter renda (investimentos). É constituído por realizável a longo prazo, investimentos, imobilizado e intangível.

Aqui analisaremos mais detidamente o ativo imobilizado e faremos breves referências aos demais subgrupos.

O ativo imobilizado é um ativo tangível (corpóreo) que se caracteriza por três aspectos, cumulativamente:

- é de natureza relativamente permanente (mais que um ano);
- é utilizado na operação dos negócios;
- não se destina a venda.

São exemplos os fornos nas padarias, as caldeiras nas lavanderias, as turbinas nas hidroelétricas, as gôndolas nos supermercados, as vitrines nas lojas comerciais, entre outros.

Em função das características citadas, um bem pode ser considerado ativo imobilizado em uma empresa e não em outra. Compare:

- edifícios são considerados ativo imobilizado em uma indústria que os utiliza como sede, fábrica, escritório, depósito, galpão. Mas os de propriedade de uma companhia imobiliária não o são, na medida em que se destinam a venda;
- veículos, em uma companhia de transportes, são considerados ativo imobilizado, ao passo que as revendedoras de veículos terão veículos para venda classificados no ativo circulante no estoque e os de uso no ativo imobilizado.

O custo de um item do imobilizado compreende o valor pago ao vendedor mais todos os custos incorridos para colocá-lo em condições de uso, sejam esses custos de transporte (frete), custos de instalação, tributos ou outros do gênero. O custo de construção de um edifício deve incluir gastos com contratos, impostos, taxas, seguro e outros similares que ocorrem durante a construção.

De outro lado, o valor contábil de um ativo imobilizado deve ser limitado à sua capacidade de gerar benefícios econômicos futuros a seu detentor. Quando e se houver alguma indicação de perda de valor, o bem deve ser testado quanto à sua recuperabilidade. Se necessário, deverá ser realizada uma redução do ativo ao valor recuperável.

Itens que compõem o ativo imobilizado

Inicialmente, o imobilizado, também chamado de ativo fixo, pode ser segregado em duas grandes categorias autoexplicativas: bens em operação e imobilizado em andamento. Vejamos os exemplos:

Bens em operação:

- terrenos;
- obras civis;
- instalações (hidráulicas, elétricas, sanitárias, contra incêndios etc.);
- móveis e utensílios (mesas, cadeiras, armários etc.);
- máquinas, aparelhos e equipamentos;
- veículos (para cargas, entregas, administração);
- peças e conjuntos de reposição;
- benfeitorias em propriedades arrendadas;
- ferramentas.

Imobilizado em andamento:

- construções;
- importações;
- adiantamentos.

Há ainda que se mencionar os chamados ativos biológicos (nas atividades pecuária e agrícola), a exemplo do rebanho reprodutor, animais de trabalho, culturas permanentes ou que produzem por diversos anos. Atenção, pois esses ativos têm tratamento contábil diferenciado.

Depreciação

Como entendimento geral, terrenos são considerados itens do imobilizado que não se depreciam. Todos os demais – construções, equipamentos, móveis, veículos – são bens cuja vida é limitada.

Geralmente, esse é um processo que ocorre de forma gradual, ou seja, uma parcela do ativo é "consumida" a cada período, até que finalmente o bem venha a ser descartado ou vendido, por não ser mais útil à empresa.

O período no qual o ativo presta serviços à empresa e gera benefícios econômicos é chamado "vida útil". Quando um ativo imobilizado é adquirido, não se sabe exatamente por quanto tempo oferecerá serviços à empresa, daí a necessidade de se estimar sua vida útil.

Dado que uma fração do ativo será consumida a cada período, uma fração equivalente do seu custo deverá ser tratada como uma despesa nesse período.

Exemplo:

Seja o caso de um veículo adquirido pela empresa por $ 60.000, com vida útil estimada em cinco anos. É razoável considerar que a cada ano a parcela de $ 12.000 = $ 60.000 / 5, ou 20%, seja deduzida do valor do bem e lançada como despesa. A esse processo dá-se o nome de depreciação.

O objetivo do reconhecimento dessa despesa é confrontar o consumo dos benefícios econômicos com as receitas que o uso desses ativos gera, e apurar o desempenho econômico da empresa. Os $ 12.000 acima, lançados como despesa a cada ano, pelos próximos cinco anos, constituem a despesa de depreciação.

Um bem do imobilizado perde valor por duas razões principais:

1) por desgaste físico;
2) por obsolescência (perda de utilidade devido a inovações, mudanças tecnológicas ou outras causas não relacionadas à condição física).

Na estimativa da vida útil de um ativo imobilizado, devem ser considerados tanto o desgaste físico quanto a obsolescência.

Resumindo

1) Depreciação é o processo de transformação do valor de aquisição de um ativo imobilizado em despesa, ao longo de sua vida útil.
2) Esse processo reconhece que o ativo em questão perde gradualmente sua utilidade.
3) Tal perda de utilidade decorre do desgaste físico e da obsolescência.

Em certos casos, a empresa estima que poderá vender o ativo imobilizado ao final de sua vida útil. O valor estimado para a venda é denominado valor residual. Se houver essa estimativa, o valor a ser depreciado será a diferença entre o valor de aquisição e o valor residual.

Métodos de cálculo da depreciação

Há diferentes métodos para se obter a parcela de depreciação cabível a cada período. No exemplo dado há pouco, foi utilizado o método linear (ou método da linha reta ou método das cotas constantes). Além desse, examinaremos a depreciação decrescente e a depreciação com base nas unidades produzidas.

Método da depreciação linear

Por esse método, como visto no exemplo anterior, atribui-se a cada período uma mesma fração de depreciação, como se o bem se desgastasse de forma absolutamente constante. A despesa de depreciação é considerada uma função exclusivamente do tempo. É um método bastante popular, pela sua simplicidade.

Assim, para um bem com vida útil de cinco anos, a taxa de depreciação a ser empregada a cada ano é 20%. Um bem com vida útil de 10 anos será depreciado à razão de 10% ao ano, e assim por diante.

Ou, de outra forma:

> Depreciação do período = valor depreciável / vida útil

Método da depreciação decrescente

O padrão de uso do ativo imobilizado nem sempre é constante. No método de depreciação decrescente, são atribuídas parcelas maiores de despesa aos primeiros anos de uso do bem, mais de acordo com o padrão de utilização. Há várias maneiras de calcular os valores da depreciação.

Como ilustração, seja o caso de um bem adquirido por $ 15.000 e que será depreciado ao longo de cinco anos, com base em parcelas anuais decrescentes, começando com $ 5.000, depois $ 4.000, $ 3.000, $ 2.000 e, finalmente, $ 1.000.

Método da depreciação com base nas unidades produzidas

Por esse método, a despesa de depreciação é calculada com base em um custo unitário, multiplicado pelo número de unidades que o ativo produziu no período. Em outras palavras, considera-se que o bem se desgasta conforme a intensidade de uso e não mais com base no transcurso do tempo, como suposto pelo método linear.

Exemplo

Considere que uma empresa comprou um caminhão no início do ano por $ 90.000 e estima que esse bem prestará serviços por 50.000 km, após o que terá um valor residual praticamente nulo.

- valor depreciável: $ 90.000 (não há previsão de valor residual);
- custo estimado por km rodado: $ 90.000 / 50.000 = $ 1,80;
- durante o ano em questão o caminhão rodou 10.000 km;
- a despesa de depreciação anual será: $ 1,80 × 10.000 = $ 18.000.

Despesas de depreciação e depreciação acumulada

Certos tipos de ativos, como a aquisição de apólice de seguro, são convertidos em despesas com a passagem do tempo. Quando isso ocorre, faz-se um lançamento a crédito da conta de ativo respectiva (trata-se de uma diminuição) e um lançamento a débito em uma conta de despesa apropriada.

Na contabilização da depreciação, adota-se procedimento similar. Primeiro, reconhece-se o montante correspondente à despesa do período. Nesse caso, o título da conta é despesa de depreciação. Depois, reconhece-se igual valor como diminuição do valor do ativo correspondente.

Deve ser observado que o valor original de custo dos ativos imobilizados deve ser preservado no balanço patrimonial para fins informacionais. Portanto, as diminuições sucessivas de um ativo depreciável deverão ser registradas em uma conta auxiliar, chamada depreciação acumulada.

Suponha que $ 12.000 de despesa de depreciação de um veículo sejam reconhecidos em determinado exercício. Quais serão os lançamentos apropriados?

Despesa de depreciação	12.000
Depreciação acumulada	12.000

A conta depreciação acumulada aparecerá no balanço patrimonial como uma dedução do custo original do ativo (conta redutora):

Veículo	XXXX
Depreciação acumulada	XXX
Valor contábil líquido	XXXX

A tabela 2 mostra o custo original do bem, a despesa de depreciação anual, a depreciação acumulada (final do exercício) e o valor contábil líquido (também no final do exercício) de um veículo que custou $ 60.000, com uma vida útil estimada em cinco anos, sem valor residual. O método é o das cotas constantes.

Tabela 2
Cálculos da depreciação

	Custo original	Despesa de depreciação	Depreciação acumulada	Valor contábil líquido
1º ano	60.000	12.000	12.000	48.000
2º ano	60.000	12.000	24.000	36.000
3º ano	60.000	12.000	36.000	24.000
4º ano	60.000	12.000	48.000	12.000
5º ano	60.000	12.000	60.000	0

Depois que o custo de um ativo tiver sido totalmente baixado como despesa de depreciação, não haverá mais registro de despesa, mesmo que o ativo continue em uso. No exemplo acima, o valor contábil líquido do veículo no final do 5º ano será zero. Se o ativo continuar a ser utilizado no 6º ano, não haverá nada a registrar como depreciação.

Venda ou baixa de ativo imobilizado

Para calcular o valor contábil líquido de um ativo, basta subtrair a depreciação acumulada do custo original. O valor contábil líquido, obviamente, depende das estimativas sobre a vida útil e o valor residual esperados para o ativo.

Como consequência do exposto, o montante a ser obtido quando da venda de um ativo imobilizado tem grande probabilidade de diferir do valor contábil líquido. A diferença, se positiva, representará um lucro; se negativa, um prejuízo, ambos a serem reportados na demonstração de resultados (DRE).

Quando um ativo imobilizado é vendido, seu custo e sua depreciação acumulada devem ser removidos dos registros. Por exemplo, um bem que tenha custado $ 60.000, tenha uma depreciação acumulada de $ 50.000 e seja vendido por $ 15.000 à vista, gerará um lucro de $ 5.000 [$ 15.000 – ($ 60.000 – $ 50.000)] e deverá ser baixado dos registros contábeis da seguinte forma:

Caixa e bancos	15.000	
Depreciação acumulada	50.000	
Equipamento		60.000
Lucro na venda de equipamento		5.000

Problema da depreciação

Já sabemos que a finalidade da depreciação é transferir para despesa uma parcela justa do custo dos ativos imobilizados, a cada período contábil em que esses ativos prestam serviços à entidade.

É oportuno lembrar que a despesa de depreciação de um dado período não representa um decréscimo do verdadeiro valor ou utilidade do ativo. Enquanto o custo original do ativo é algo objetivo, sua vida útil e seu valor residual são estimativas.

Em consequência, o valor contábil líquido de um ativo imobilizado, em qualquer momento, reflete tão somente o saldo do custo original ainda não lançado como despesa, sendo incorreto interpretá-lo como representativo do valor do ativo. Este deve refletir o montante de benefícios econômicos que a entidade espera que ele gere. Não é um valor exato, por decorrer de estimativa, mas deve se aproximar tanto quanto possível do valor realizável, pelo uso ou pela venda.

Considerações finais

Antes de finalizarmos o capítulo, é importante fazer menção, ainda que brevemente, a dois aspectos: a questão dos recursos naturais e sua exaustão, e os ativos intangíveis e sua amortização.

Recursos naturais, tais como reservas florestais, minas de carvão e poços de petróleo, em geral são ativos sujeitos à exaustão. Ou seja, quando um poço de petróleo ou uma mina de carvão começam a se esgotar, diz-se que estão exaurindo.

O procedimento contábil para registro da exaustão de um ativo natural é similar ao que foi exposto para a depreciação de ativos físicos imobilizados.

Em consonância com o conceito de custo, itens intangíveis, tais como franquias, marcas comerciais, patentes, direitos autorais, direitos de concessão, direitos de exploração, são tratados como ativos, desde que tenham sido adquiridos por um valor determinado. E quando são reconhecidos como ativos têm seus custos baixados ao longo de sua vida útil, pelo processo chamado amortização.

Conclusão

Este capítulo encerra a parte da contabilidade que trata da mecânica e dos procedimentos de escrituração e também da visão específica sobre os estoques e o ativo imobilizado. A partir desses conhecimentos, o leitor poderá melhor aproveitar a parte seguinte, capítulos cinco e seis, que tratam da análise e interpretação das demonstrações financeiras.

5
Análise econômico-financeira de empresas

A análise econômico-financeira de empresas inclui um conjunto de técnicas, mas destaca-se a análise por meio de indicadores, também denominados índices ou quocientes. Esses indicadores fazem parte de um conjunto mais amplo de indicadores de desempenho, financeiros e não financeiros, que podem estar inseridos em uma estrutura lógica ou ser utilizados isoladamente. Neste capítulo, abordaremos aspectos introdutórios e auxiliares da análise por indicadores econômico-financeiros, que serão detalhados no capítulo 6, a seguir.

Indicadores de desempenho

A mensuração e a avaliação do desempenho são preocupações constantes dos administradores, em todos os tipos de organizações: com fins lucrativos ou não, públicas, privadas e do terceiro setor. Vários fatores contribuem para tal: o maior grau de exigência por parte dos *stakeholders*, cada vez mais aprimorando seu conhecimento e entendimento sobre a gestão e o desempenho organizacionais, assim como a velocidade crescente nos processos de decisão.

Indicadores servem como ferramentas que conduzem ao comportamento desejado e devem orientar as pessoas e organizações no sentido do alcance de seus objetivos. Devem ter como características a confiabilidade e a possibilidade de quantificação e comparação com referenciais externos..

Os indicadores de desempenho permitem avaliar o desempenho operacional e financeiro de uma empresa, identificar oportunidades para melhoria e alinhar o desempenho com a estratégia. Os indicadores utilizados para a análise e compreensão do desempenho, ou seja, controle do desempenho atual e o planejamento do desempenho futuro podem ser classificados de várias formas:

- em função da estrutura organizacional, para os níveis estratégico, gerencial e operacional;
- em função dos processos organizacionais: econômico-financeiros, operacionais, comerciais, administrativos e regulatórios, entre outros;
- em termos de relações de causa e efeito: indicadores de resultado (consequência do desempenho em outro indicador) e indicadores de tendência (impactam o desempenho de outro indicador).
- em perspectivas, financeira, mercado/clientes, responsabilidade pública, processos, aquisição ou fornecedores, pessoas e ambiente organizacional;
- em perspectivas vinculadas aos objetivos estratégicos, como no *balanced scorecard*, a saber: financeira, clientes, processos internos, aprendizagem e crescimento;
- outras possíveis classificações: obrigatórios e facultativos; estratégicos e rotineiros;
- em função da forma de expressão, em unidades monetárias ou não, quando são chamados de indicadores financeiros e não financeiros.

É relevante ressaltar que existe um conjunto especial de indicadores que apresenta importância crescente: os que avaliam a participação das empresas em atividades de responsabilidade social, encontrados, por exemplo, no balanço social e no questionário do índice de sustentabilidade empresarial da B3 (ISE, 2018).

Indicadores econômico-financeiros

O objetivo das empresas com fins lucrativos é agregar valor e criar riqueza para os proprietários, o que implica o fornecimento de informações confiáveis, que capacitem os executivos a realizar julgamentos e tomar decisões.

Em todas as organizações, a grande fonte de informações para a geração de indicadores de desempenho tem sido o sistema contábil, com o uso, preponderantemente, de indicadores econômico-financeiros, tanto nos processos de gestão (planejamento, controle e decisão) quanto na avaliação externa pelos vários interessados: investidores, bancos, fornecedores, governo, entre outros.

Os indicadores econômico-financeiros são comumente denominados indicadores ou índices financeiros e são expressos em unidades monetárias ou utilizam variáveis expressas em unidades monetárias.

A contabilidade coleta e organiza os dados para gerar as demonstrações financeiras, que retratam os eventos que aconteceram nas empresas, de acordo com os pressupostos contábeis legais. Quando termina a atividade do contador, inicia-se a atividade do analista financeiro, que padroniza, analisa e interpreta as informações contábeis no processo de tomada de decisão. Portanto, a análise econômico-financeira, também chamada de análise financeira ou análise de balanços, utiliza as informações obtidas das demonstrações para gerar outras informações secundárias, que auxiliarão as várias partes interessadas no desempenho econômico-financeiro das empresas.

Os indicadores financeiros são relações entre contas ou grupos de contas das demonstrações financeiras, que têm por objetivo fornecer informações que não são tão facilmente visualizadas e por meio das quais podemos avaliar o desempenho da empresa. É interessante destacar que, quando se trata de análise econômico-financeira de empresas, usamos as palavras índice e indicador como sinônimas, o que não acontece em outros campos de estudo.

Os índices financeiros nos permitem comparar empresas do mesmo setor nos mesmos períodos e avaliar a evolução do desempenho de uma empresa durante vários períodos. Dessa forma, é possível construir um quadro de referência sobre a empresa, como subsídio para análises mais profundas.

As fontes de dados para os cálculos dos índices financeiros são as demonstrações financeiras preparadas e divulgadas pelas empresas, de acordo com as exigências legais e normativas, como já vimos antes. São elas:

- balanço patrimonial;
- demonstração do resultado do exercício;
- demonstração dos fluxos de caixa;
- demonstração das mutações do patrimônio líquido;
- demonstração do valor adicionado.

Tais demonstrações são acompanhadas de textos que trazem informações adicionais ao processo de análise: o Relatório da administração, as Notas explicativas e o Relatório dos auditores independentes.

De forma geral, a avaliação da situação econômico-financeira, assim como de sua evolução, permite que alguns aspectos relevantes sejam inferidos: a eficiência na utilização dos recursos disponíveis, a adequação de financiamentos e investimentos, tendências, oportunidades de melhoria, pontos fortes e fracos, entre outros mais específicos.

Usuários da análise econômico-financeira

As demonstrações financeiras são as fontes para a análise do desempenho econômico-financeiro disponibilizadas para todos os interessados na situação da empresa, interna e externamente, como apresentado no capítulo 1.

Stakeholders, ou partes interessadas, são os indivíduos e grupos que interagem com as organizações, podendo afetar e/ou ser afetados por decisões e ações realizadas na busca dos objetivos organizacionais, o que nos permite classificá-los como estratégicos, por exercerem algum tipo de impacto sobre as organizações, e não estratégicos, que apenas são afetados por elas. Segue uma breve descrição de alguns *stakeholders* e seus pontos focais no processo de análise.

Os acionistas se preocupam com o desempenho dos administradores, com a distribuição de lucro e a valorização da empresa. Os potenciais investidores procuram estimar o valor da empresa, a partir das expectativas de geração de lucros e de caixa.

Os credores em geral avaliam a capacidade de pagamento da empresa a partir do endividamento e da geração de caixa, destacando-se nesse grupo o sistema bancário, no processo de concessão de crédito, além de fornecedores e parceiros em geral.

Por outro lado, clientes não querem depender de um fornecedor que não apresente bom desempenho econômico-financeiro, o que pode implicar risco para a continuidade da sua atividade operacional.

Empregados e sindicatos ficam atentos aos resultados para negociar reajustes salariais e participação nos lucros.

A própria administração acompanha a evolução da empresa usando os relatórios externos, além dos gerenciais, para comparar seu desempenho com o dos concorrentes.

Órgãos ambientais, agências reguladoras, Comissão de Valores Mobiliários, Receita Federal e outros fiscalizam a atuação da empresa em vários aspectos.

Enfim, toda a sociedade acompanha, com maior ou menor interesse, com ênfases diferentes, o desempenho econômico-financeiro das empresas, e a fonte de informações para tal é o conjunto de demonstrações financeiras com os textos auxiliares.

A ferramenta utilizada nesse processo é a análise das demonstrações financeiras, publicadas ou não, que permite a realização de diagnóstico, destacando os pontos críticos e estabelecendo prioridades, assim como inferir sobre o futuro, limitações e potencialidades das empresas.

Padronização das demonstrações financeiras

O processo de análise se inicia com a padronização das demonstrações financeiras, para adequar a estrutura dos relatórios aos objetivos do analista. Padronização significa preparar as demonstrações para análise, por meio de reclassificação e condensação de algumas contas. Na padronização, o analista faz uma avaliação crítica das contas e as insere em um modelo previamente definido.

Os motivos para fazer a padronização são a simplificação, que facilita a visualização dos aspectos relevantes, a possibilidade de comparação, a adequação aos objetivos da análise e a compreensão de detalhes por parte do analista, que muitas vezes precisa recorrer às notas explicativas para decidir sobre os possíveis agrupamentos de contas.

Na padronização do ativo do balanço patrimonial, apenas as contas essenciais devem ser mantidas. No passivo, é importante destacar o capital de terceiros, a soma do passivo circulante com o passivo não circulante, e, às vezes, separar o passivo operacional do financeiro ou oneroso. Na demonstração do resultado do exercício, devemos destacar os vários lucros, em especial o lucro antes dos impactos financeiros e dos impostos, e apresentar as receitas e despesas financeiras separadamente e não apenas o valor líquido.

Uma prática que tem sido desprezada pelas empresas é a atualização monetária das demonstrações financeiras, que não é obrigatória. A análise econômico-financeira de dois ou três períodos pode ser feita, atualmente, sem a atualização dos valores; entretanto a análise utilizando um número maior de exercícios, ou em outro momento de inflação mais elevada, deve incluir, na padronização das demonstrações, a atualização monetária dos valores, para garantir a qualidade das informações geradas e da própria análise.

Apresentamos nos quadros 16 e 17, o balanço patrimonial e a demonstração do resultado do exercício de 20X4 a 20X6 da Cia. Nacional, após a padronização.

Quadro 16
Balanço patrimonial da Cia. Nacional (em milhares de reais)

ATIVO	20X6	20X5	20X4
ATIVO CIRCULANTE	**1.004.865**	**961.509**	**1.001.649**
Caixa e equivalentes	201.988	104.325	171.535
Contas a receber	448.835	494.504	510.630
Estoques	308.086	318.343	297.008
Impostos a recuperar	25.352	32.635	11.960
Investimentos temporários	-	4.620	7.504
Outras contas a receber	18.926	6.058	2.429
Despesas antecipadas	1.678	1.024	583
ATIVO NÃO CIRCULANTE	**523.417**	**510.439**	**432.845**
Realizável a longo prazo	94.367	67.877	30.425
Investimentos	2.702	3.585	12.630
Imobilizado	310.353	325.285	300.882
Intangível	115.995	113.692	88.908
TOTAL	**1.528.282**	**1.471.948**	**1.434.494**
PASSIVO + PL	20X6	20X5	20X4
PASSIVO CIRCULANTE	**274.850**	**261.647**	**316.261**
Empréstimos e financiamentos	2.123	1.308	23.422
Fornecedores	172.034	150.953	171.373
Salários e encargos sociais	44.733	42.214	40.354
Obrigações tributárias	23.017	32.391	46.878
Provisões	26.865	22.654	21.675
Outras obrigações	6.078	12.127	12.559
PASSIVO NÃO CIRCULANTE	**44.025**	**36.337**	**42.165**
Empréstimos e financiamentos	25.612	-	-
Parcelas tributárias e previdenciárias	5.368	10.706	20.973
Provisões	12.891	11.259	10.576
Outras obrigações	154	14.372	10.616
PATRIMÔNIO LÍQUIDO	**1.209.407**	**1.173.964**	**1.076.068**
Capital social	359.424	346.368	313.086
Reserva de capital	26.085	20.569	14.996
Ações em tesouraria	(4.614)	(41.323)	(11.882)
Reservas de lucros	822.864	796.779	697.538
Ajuste de avaliação patrimonial	5.648	11.577	12.332
Dividendos adicionais propostos	-	39.994	49.998
TOTAL	**1.528.282**	**1.471.948**	**1.434.494**

Quadro 17
Demonstração do resultado do exercício da Cia. Nacional
(em milhares de reais)

	20X6	20X5	20X4
Receita líquida das vendas	**1.471.249**	**1.585.293**	**1.674.913**
Custo das mercadorias vendidas	(893.111)	(961.335)	(944.533)
Lucro bruto	**578.138**	**623.958**	**730.380**
Despesas operacionais	(427.947)	(404.816)	(370.349)
Vendas	(325.344)	(318.478)	(292.122)
Administrativas e gerais	(53.613)	(54.048)	(52.927)
Depreciação e amortização	(28.567)	(21.329)	(17.682)
Outras (despesas) receitas operacionais	(20.423)	(10.961)	(7.618)
Lucro antes do financeiro e dos impostos	**150.191**	**219.142**	**360.031**
Receitas financeiras	90.911	76.198	64.291
Despesas financeiras	(43.926)	(40.575)	(31.205)
Resultado financeiro líquido	46.985	35.623	33.086
Lucro antes dos impostos	**197.176**	**254.765**	**393.117**
Imposto de renda e contribuição social	2.241	26.405	(74.259)
LUCRO (PREJUÍZO) LÍQUIDO DO EXERCÍCIO	**199.417**	**281.170**	**318.858**

Técnicas de análise econômico-financeira

A padronização, além de preparar as demonstrações para o processo de análise, também é uma parte do processo, pois a análise das contas já destaca alguns aspectos relevantes do desempenho da empresa. Às demonstrações padronizadas são aplicadas as técnicas de análise propriamente ditas, entre as quais abordaremos aqui:

- análise vertical e horizontal;
- análise com base em índices financeiros e sua evolução;
  - liquidez;
  - estrutura;
  - rentabilidade;
  - prazos médios, ciclo operacional e ciclo financeiro;
- modelo DuPont: decomposição do retorno sobre o PL nos elementos que influem na rentabilidade.

Além dos índices citados, também destacamos a análise de alguns valores absolutos e sua evolução, tais como: capital circulante líquido, EBITDA (*earnings before interest, taxes, depreciation and amortization*) e geração de caixa operacional.

Devemos registrar que dispomos de uma respeitável quantidade e qualidade de obras dedicadas ao tema da análise econômico-financeira de empresas, havendo proximidade nos enfoques e nas técnicas abordadas, sendo que as obras mais importantes estão listadas nas referências.

Análise vertical e horizontal

A análise vertical (AV) baseia-se em valores percentuais das contas e grupos de contas das demonstrações financeiras, o que mostra sua importância relativa no conjunto. Seu objetivo é mostrar a relevância de cada conta nas demonstrações financeiras, facilitar a comparação com padrões do setor e com a própria empresa em períodos anteriores para detectar os itens fora das proporções normais. Calcula-se o percentual de cada conta ou grupo de contas em relação a um valor base, que no balanço patrimonial é o valor total dos ativos ou o valor total dos passivos mais PL e na demonstração do resultado do exercício é a receita líquida de vendas.

A análise horizontal (AH) baseia-se na evolução das contas nas demonstrações financeiras em relação à demonstração do período base ou de referência. Seu objetivo é mostrar a evolução das contas das demonstrações financeiras e concluir sobre a evolução da empresa. A mais antiga da série histórica é a demonstração base, em que todos os valores são considerados iguais a 100%. Essa forma de análise é chamada de encadeada, e nela todos os períodos são comparados com o primeiro período da série, mas é possível enriquecê-la acrescentando a variação ano a ano, quando houver necessidade.

Os dois tipos de análises devem ser usados em conjunto, pois uma grande variação na análise horizontal pode estar associada a contas muito pouco relevantes na análise vertical. Uma análise complementa a outra, ou seja, são consideradas uma só técnica.

Entre os objetivos específicos dessa técnica de análise, podemos avaliar, no balanço patrimonial:

- a estrutura de ativos e de passivos mais PL e suas modificações (políticas de investimento e financiamento);
- a evolução dos ativos circulante e não circulante e seus componentes;

- a evolução do PL *versus* o exigível total; o crescimento, ou não, dos recursos de longo prazo (passivo não circulante mais patrimônio líquido) *versus* os ativos de longo prazo;
- o crescimento, ou não, do ativo circulante *versus* o passivo circulante.

Na demonstração do resultado do exercício, a análise vertical destaca as várias margens de lucro. E a análise horizontal nos permite comparar a variação percentual na receita com as variações percentuais nos vários lucros.

Aplicando essa abordagem aos relatórios da Cia Nacional, temos o quadro 18.

Quadro 18
Análise vertical e horizontal do ativo

ATIVO	20X6	A.V. (%)	A.H. (%)	20X5	A.V. (%)	A.H. (%)	20X4	A.V. (%)	A.H. (%)
ATIVO CIRCULANTE	**1.004.865**	**66%**	**100%**	**961.509**	**65%**	**96%**	**1.001.649**	**70%**	**100%**
Caixa e equivalentes	201.988	13%	118%	104.325	7%	61%	171.535	12%	100%
Contas a receber	448.835	29%	88%	494.504	34%	97%	510.630	36%	100%
Estoques	308.086	20%	104%	318.343	22%	107%	297.008	21%	100%
Impostos a recuperar	25.352	2%	212%	32.635	2%	273%	11.960	1%	100%
Investimentos temporários	–	0%	0%	4.620	0%	62%	7.504	1%	100%
Outras contas a receber	18.926	1%	779%	6.058	0%	249%	2.429	0%	100%
Despesas antecipadas	1.678	0%	288%	1.024	0%	176%	583	0%	100%
ATIVO NÃO CIRCULANTE	**523.417**	**34%**	**121%**	**510.439**	**35%**	**118%**	**432.845**	**30%**	**100%**
Realizável a longo prazo	94.367	6%	310%	67.877	5%	223%	30.425	2%	100%
Investimentos	2.702	0%	21%	3.585	0%	28%	12.630	1%	100%
Imobilizado	310.353	20%	103%	325.285	22%	108%	300.882	21%	100%
Intangível	115.995	8%	130%	113.692	8%	128%	88.908	6%	100%
TOTAL	**1.528.282**	**100%**	**107%**	**1.471.948**	**100%**	**103%**	**1.434.494**	**100%**	**100%**

No quadro 18, podemos observar na análise vertical que, nos três períodos, a proporção dos ativos circulantes (AC) é sempre maior do que a dos ativos não circulantes (ANC), sem grandes variações. Quanto às contas isoladamente, destacam-se como mais relevantes contas a receber, estoques e imobilizado.

Na análise horizontal, o total de ativos cresceu 3% e 7% em 20X5 e 20X6, sempre em comparação com o ano base 20X4. O AC, em valores absolutos, se reduziu em 20X5 e, em 20X6, voltou ao mesmo nível de 20X4. Quanto ao ANC, o crescimento acumulado no período é de 21%.

A análise vertical destaca as contas mais importantes que serão objeto da análise horizontal. Para ilustrar o uso conjunto das duas análises, observamos que a conta "outras contas a receber" cresceu 679% no período, entretanto essa informação não é relevante para a nossa apreciação, pois na análise vertical ela representa 1% do total do ativo em 20X6. Nossa ênfase, na análise horizontal, é na evolução dos AC e ANC e nas contas identificadas na análise vertical como relevantes: contas a receber, estoque e imobilizado.

Como último comentário sobre os ativos, sempre é conveniente acompanhar a representatividade e a evolução de caixa e equivalente de caixa.

A análise vertical do lado direito do balanço patrimonial também se inicia com a análise da representatividade dos grupos de contas: passivo circulante (PC), passivo não circulante (PNC) e patrimônio líquido (PL), como mostra o quadro 19.

Quadro 19
Análise vertical e horizontal do passivo e do patrimônio líquido

PASSIVO + PL	20X6	A.V. (%)	A.H. (%)	20X5	A.V. (%)	A.H. (%)	20X4	A.V. (%)	A.H. (%)
PASSIVO CIRCULANTE	**274.850**	**18%**	**87%**	**261.647**	**18%**	**83%**	**316.261**	**22%**	**100%**
Empréstimos e financiamentos	2.123	0%	9%	1.308	0%	6%	23.422	2%	100%
Fornecedores	172.034	11%	100%	150.953	10%	88%	171.373	12%	100%
Salários e encargos sociais	44.733	3%	111%	42.214	3%	105%	40.354	3%	100%
Obrigações tributárias	23.017	2%	49%	32.391	2%	69%	46.878	3%	100%
Provisões	26.865	2%	124%	22.654	2%	105%	21.675	2%	100%
Outras obrigações	6.078	0%	48%	12.127	1%	97%	12.559	1%	100%
PASSIVO NÃO CIRCULANTE	**44.025**	**3%**	**104%**	**36.337**	**2%**	**86%**	**42.165**	**3%**	**100%**
Empréstimos e financiamentos	25.612	2%		–	0%		–	0%	100%
Parcelas tributárias e previdenciárias	5.368	0%	26%	10.706	1%	51%	20.973	1%	100%
Provisões	12.891	1%	122%	11.259	1%	106%	10.576	1%	100%
Outras obrigações	154	0%	1%	14.372	1%	135%	10.616	1%	100%
PATRIMÔNIO LÍQUIDO	**1.209.407**	**79%**	**112%**	**1.173.964**	**80%**	**109%**	**1.076.068**	**75%**	**100%**
Capital social	359.424	24%	115%	346.368	24%	111%	313.086	22%	100%
Reserva de capital	26.085	2%	174%	20.569	1%	137%	14.996	1%	100%
Ações em tesouraria	(4.614)	0%	39%	(41.323)	-3%	348%	(11.882)	-1%	100%
Reservas de lucros	822.864	54%	118%	796.779	54%	114%	697.538	49%	100%
Ajuste de avaliação patrimonial	5.648	0%	46%	11.577	1%	94%	12.332	1%	100%
Dividendos adicionais propostos	–	0%	0%	39.994	3%	80%	49.998	3%	100%
TOTAL	**1.528.282**	**100%**	**107%**	**1.471.948**	**100%**	**103%**	**1.434.494**	**100%**	**100%**

A estrutura do passivo mais PL se mantém estável nos três exercícios analisados, com o PL representando entre 75% e 80% do total; o PC, entre 18% e 22% do total, e o PNC, entre 2% e 3%. Essa estabilidade é esperada nas empresas que costumam trabalhar com uma estrutura de financiamento constante, a não ser que aconteçam eventos extraordinários, como expansão, aquisição ou venda de negócios do grupo. Ainda na análise vertical, destacam-se fornecedores, capital social e reservas de lucros nos três exercícios, que em 20X6 totalizam 89% dos recursos utilizados para o financiamento dos ativos.

Na análise horizontal, observamos que o PC se reduz em valor absoluto, tanto em 20X5 quanto em 20X6, em relação a 20X4. O PNC acumula, no período, uma variação de 4% e o PL apresenta uma variação de 12% em relação a 20X4. Observando a evolução das contas separadamente, temos que fornecedores se reduziram em 20X5 e voltaram, em 20X6, ao mesmo nível de 20X4. O capital social cresceu 15% no período, e a conta reserva de lucros, 18%. Da mesma forma que na análise do lado dos ativos, as variações relevantes na análise horizontal só são destacadas se acompanhadas de percentuais significativos na análise vertical.

Finalmente, é interessante destacar que, como não foi feita atualização monetária dos valores das demonstrações financeiras, podemos afirmar que não houve crescimento real no ativo total da empresa, comparando o crescimento de 6% com a inflação do período de 20X4 a 20X6.

A próxima etapa é a análise da demonstração do resultado do exercício, que está no quadro 20. Na análise vertical, já estão definidos os percentuais a observar, que são os vários lucros.

Quadro 20
Análise vertical e horizontal da demonstração do resultado do exercício

DRE	20X6	A.V.(%)	A.H.(%)	20X5	A.V.(%)	A.H.(%)	20X4	A.V.(%)	A.H.(%)
Receita líquida das vendas	1.471.249	100%	88%	1.585.293	100%	95%	1.674.913	100%	100%
Custo das mercadorias vendidas	(893.111)	-61%	95%	(961.335)	-61%	102%	(944.533)	-56%	100%
Lucro bruto	578.138	39%	79%	623.958	39%	85%	730.380	44%	100%
Despesas operacionais	(427.947)	-29%	116%	(404.816)	-26%	109%	(370.349)	-22%	100%
Vendas	(325.344)	-22%	111%	(318.478)	-20%	109%	(292.122)	-17%	100%
Administrativas e gerais	(53.613)	-4%	101%	(54.048)	-3%	102%	(52.927)	-3%	100%
Depreciação e amortização	(28.567)	-2%	162%	(21.329)	-1%	121%	(17.682)	-1%	100%
Outras (despesas) receitas operacionais	(20.423)	-1%	268%	(10.961)	-1%	144%	(7.618)	0%	100%
Lucro antes do financeiro e dos impostos	150.191	10%	42%	219.142	14%	61%	360.031	21%	100%
Receitas financeiras	90.911	6%	141%	76.198	5%	119%	64.291	4%	100%
Despesas financeiras	(43.926)	-3%	141%	(40.575)	-3%	130%	(31.205)	-2%	100%
Resultado financeiro líquido	46.985	3%	142%	35.623	2%	108%	33.086	2%	100%
Lucro antes dos Impostos	197.176	13%	50%	254.765	16%	65%	393.117	23%	100%
Imposto de renda e contribuição social	2.241	0%	-3%	26.405	2%	-36%	(74.259)	-4%	100%
LUCRO (PREJUÍZO) LÍQUIDO DO EXERCÍCIO	199.417	14%	63%	281.170	18%	88%	318.858	19%	100%

Na análise vertical, a receita líquida das vendas é o referencial para comparação com os vários tipos de lucros. Todas as margens de lucro, que são as percentagens dos lucros sobre a receita líquida, se reduziram de 20X4 para 20X6. A relação entre o lucro bruto e a receita líquida de vendas (margem bruta) caiu cinco pontos percentuais, de 44% para 39%. A relação entre o lucro antes do resultado financeiro e dos impostos e a receita líquida de vendas (margem operacional) caiu 11 pontos percentuais, de 21% para 10% e, finalmente, a relação entre o lucro líquido e a receita líquida de vendas (margem líquida) caiu cinco pontos percentuais, de 19% para 14%, o que justifica uma análise mais profunda das causas dessas reduções na lucratividade da empresa.

A análise horizontal começa com a observação da variação na receita líquida, que registrou queda, tanto em 20X5 quanto em 20X6, em relação a 20X4. A receita líquida de 20X6 foi 12% menor do que a de 20X4. Entretanto os custos se reduziram 5%, menos do que as receitas, e as despesas operacionais aumentaram 16%, o que causou a redução de 11 pontos percentuais na margem operacional. Nos três períodos, o resultado financeiro líquido contribuiu favoravelmente para o lucro, já que as receitas financeiras foram maiores do que as despesas financeiras. O resultado financeiro líquido cresceu 42% entre 20X4 e 20X6.

A partir das informações obtidas da Cia. Nacional, podemos perceber que essa técnica nos fornece uma análise detalhada das demonstrações balanço patrimonial e demonstração do resultado do exercício.

Análise por índices econômico-financeiros

A análise vertical e horizontal permite-nos identificar detalhes das contas ou grupos de contas, destacando sua representatividade e evolução, enquanto a análise por índices é menos detalhada, pois eles são analisados em conjunto, formando grupos que abordam determinados aspectos do desempenho da empresa.

A análise por índices tem por base o raciocínio científico: a primeira etapa é a escolha dos indicadores que serão utilizados, seguida de comparação com padrões. A comparação conduz às etapas seguintes: diagnóstico, conclusões, decisões e ações.

A amplitude da análise depende da escolha de um número maior ou menor de índices, em função das necessidades dos usuários. É importante lembrar que mais índices aumentam a profundidade da análise, mas também o custo. Além disso, existem índices que são comuns a todos os tipos de decisão, assim como existem índices com uso mais específico, como os utilizados pelas instituições financeiras na avaliação do risco de crédito.

Essa forma de análise surgiu na virada do século XIX para o século XX e desenvolveu-se no sistema bancário, até hoje seu principal usuário, no processo de concessão de crédito. A grande quantidade de informações disponibilizadas nos relatórios contribuiu para o desenvolvimento dos índices, que servem para destacar aspectos relevantes da situação econômica e financeira de uma empresa.

A avaliação de um índice isoladamente é limitada, mas se observamos a evolução do valor do índice na mesma empresa no tempo, o conteúdo informacional aumentará. E se dispusermos de padrões para comparação, levando em conta as variáveis do setor de atividade e porte, a qualidade da análise aumentará mais ainda. Ao usar um padrão para comparação, devemos lembrar que esse não tem, necessariamente, o sentido de ideal.

O padrão adotado para comparação costuma ser a mediana das informações para determinado índice, em uma amostra de empresas de mesma atividade e porte, ou pode ser uma empresa considerada a melhor naquele aspecto, ou um *benchmark*. O uso de padrões comparativos externos para avaliação de um indicador de desempenho é muito importante para os vários usuários, mas é fundamental para o administrador ao comparar sua empresa com as concorrentes, fornecendo uma avaliação ampla do desempenho relativo do negócio.

A análise por índices financeiros permite:

- comparar empresas semelhantes no mesmo intervalo de tempo;
- avaliar a evolução de uma empresa durante um intervalo de tempo; e
- construir um quadro de referência sobre a empresa, como subsídio para análises mais profundas.

Índices econômico-financeiros comuns e específicos

Existem índices que são comuns a todas as análises e a todos os usuários da análise financeira, independentemente das necessidades de informações e interesses na empresa analisada. O quadro 21 apresenta os índices comuns a todas as análises, que serão detalhados no próximo capítulo desta publicação, com suas respectivas fórmulas de cálculo (Matarazzo, 2010).

Quadro 21
Resumo dos índices financeiros

ÍNDICES FINANCEIROS	FÓRMULAS DE CÁLCULO
LIQUIDEZ	
Liquidez corrente, em número índice	Ativo circulante/Passivo circulante
Capital circulante líquido, em $	Ativo circulante – Passivo circulante (CCL)
Liquidez seca, em número índice	(Disponível + Contas a receber) / Passivo circulante
ESTRUTURA	
Endividamento, em %	(Passivo circulante+Passivo não circulante) / Ativo total
Composição do endividamento, em %	Passivo circulante/(Passivo circulante+Passivo não circulante)
Endividamento oneroso, em %	(Empréstimos+financiamentos)/(Passivo circulante+Passivo não circulante)
RENTABILIDADE	**RENTABILIDADE**
Margem líquida, em %	Lucro líquido / Receita líquida
Giro do ativo total, em número índice	Receita líquida/Ativo total
Rentabilidade do ativo, em %	Lucro líquido/Ativo total (ROA)
Rentabilidade do patrimônio líquido, em %	Lucro líquido/Patrimônio líquido (ROE)
EBITDA, em $	*Earnings before interest, tax, depreciation and amortization* ou Lucro antes dos juros, impostos, depreciação e amortização
Margem EBITDA, em %	EBITDA / Receita líquida
PRAZOS MÉDIOS	**PRAZOS MÉDIOS**
Prazo médio de estoques, em dias	Estoque / (CMV/360) ou para quantos dias de vendas o estoque é suficiente, em média. (PME)
Prazo médio de recebimento, em dias	Contas a receber /(Receita de vendas /360) ou quantos dias de vendas permanecem nas contas a receber no ativo (PMR)
Prazo médio de pagamento, em dias	Fornecedores /(Compras /360) ou número de dias entre a compra dos insumos e o respectivo pagamento, em média (PMP)
Ciclo operacional, em dias	PME + PMR (CO)
Ciclo financeiro, em dias	CO- PMP (CF)

Quanto aos índices específicos para as necessidades de determinados usuários, selecionamos os investidores e os fornecedores de crédito, em especial o sistema bancário, com base na obra de Matarazzo (2010).

Do ponto de vista do investidor, apresentamos alguns exemplos de índices que levam em conta os valores de mercado das ações e não apenas os valores contábeis extraídos das demonstrações financeiras:

- valor patrimonial da ação (VPA): patrimônio líquido / quantidade de ações, com o objetivo de comparar com o valor de mercado da ação;
- lucro por ação (LPA): lucro líquido / quantidade de ações, que aparece destacado na demonstração do resultado do exercício e representa o montante de lucro para cada ação emitida;

- índice preço / lucro (P/L): preço de mercado da ação dividido pelo LPA, ou seja, o montante que o investidor está disposto a pagar por unidade de lucro da empresa, medindo o grau de confiança do mercado no futuro da empresa. Esse índice é chamado de multiplicador ou múltiplo P/L. O índice médio P/L de um setor pode ser usado para cálculo do valor de uma empresa que não tem ações em circulação. Ao aplicar o multiplicador sobre o LPA obtemos uma estimativa do valor de mercado da empresa.

Do ponto de vista da concessão de crédito, principalmente pelo sistema bancário, a ênfase é nas várias formas de endividamento e seu impacto na capacidade de pagamento da empresa:

- índice de duplicatas descontadas (IDD): (duplicatas descontadas / duplicatas a receber) × 100;
- participação de recursos bancários: [(duplicatas descontadas + empréstimos + financiamentos) /capital de terceiros] × 100;
- financiamento do ativo com recursos bancários = [(duplicatas descontadas + empréstimos + financiamentos) / ativo total] × 100;
- financiamento do ativo circulante por recursos bancários de curto prazo: [(duplicatas descontadas + empréstimos + financiamentos) / ativo circulante] × 100.

Síntese das etapas do processo de análise econômico-financeira de empresas

Uma abordagem geral e completa para a análise econômico-financeira das empresas contempla várias etapas. São elas:

1) estabelecer os objetivos da análise, dependendo do usuário;
2) estudar o setor de atuação da empresa, sua posição e a de concorrentes, e relacioná-lo com a situação econômica atual e projetada;
3) entender a empresa e sua forma de governança;
4) analisar as demonstrações financeiras usando as técnicas selecionadas;
5) resumir as informações geradas na análise e concluir sobre a empresa, em função dos objetivos estabelecidos.

As etapas um a três compõem uma base para a melhor utilização das técnicas de análise baseadas nas demonstrações financeiras, etapa quatro, apresentadas neste capítulo e no capítulo 6, a seguir. A etapa cinco propõe resumir todas as informações e inferências em uma conclusão, produto final do processo.

Conclusão

O processo de análise econômico-financeira exige a preparação das demonstrações financeiras em função dos objetivos dos vários interessados no desempenho das empresas. A padronização das demonstrações precede a análise vertical e horizontal e a análise por índices, que será abordada no próximo capítulo usando as informações da Cia Nacional.

6
Análise econômico-financeira: detalhamento dos índices

Os índices apresentados no quadro 21 do capítulo anterior serão aqui detalhados usando como exemplo, quando possível, a Cia. Nacional, já analisada no capítulo anterior, usando a técnica de análise vertical e horizontal. Ao fim do capítulo será apresentada a conclusão da análise completa da Cia. Nacional, utilizando informações dos capítulos cinco e seis.

Os índices econômico-financeiros são classificados em quatro categorias: liquidez, estrutura, rentabilidade e prazos médios.

Índices de liquidez

Os índices de liquidez destacam as relações entre grupos de contas do balanço patrimonial. Fornecem informação sobre a folga financeira de curto prazo de uma empresa ao comparar ativos e passivos circulantes e permitem inferências sobre sua capacidade de pagamento.

> Índice de liquidez corrente (ILC) = ativo circulante / passivo circulante

Este índice nos mostra quantos reais a empresa possui em ativos de curto prazo (AC) para cada R$ 1,00 de dívida de curto prazo (PC).

Se o ativo circulante é maior do que o passivo circulante, o capital circulante líquido (CCL) é positivo. O CCL também é denominado capital de giro líquido (CGL), já que o capital de giro é o ativo circulante da empresa. O CCL ou CGL mostra, em reais, o quanto os ativos de curto prazo são maiores do que as dívidas de curto prazo.

> Capital circulante líquido (CCL) = ativo circulante − passivo circulante

O índice de liquidez seca melhora a qualidade da informação em termos de capacidade de pagamento, já que o numerador do índice se limita aos ativos que são facilmente conversíveis em dinheiro. Ele mostra quantos reais a empresa possui em ativos de grande liquidez para cada R$ 1,00 de dívida de curto prazo (PC).

> Índice de liquidez seca (ILS) = (disponível + contas a receber) / passivo circulante

Ao analisar os índices de liquidez, alguns fatores devem ser considerados antes de afirmar que um ILC maior do que 1 significa que a empresa tem condições de pagar suas dívidas de curto prazo. Em primeiro lugar, a venda dos ativos circulantes para gerar caixa não é imediata. Muitas vezes, só conseguimos concretizar vendas rapidamente reduzindo os preços, e com isso os valores de liquidação ficam inferiores aos valores contábeis.

Outro aspecto é que existem ativos circulantes que não geram caixa, como as despesas pagas antecipadamente. Além disso, os vários ativos circulantes apresentam diferentes riscos associados à transformação em dinheiro. Por exemplo, os clientes podem não pagar as contas a receber, e a venda dos estoques pelo valor contábil depende da situação do setor e até de condições macroeconômicas. Resumindo, podemos ter ativos circulantes com diferentes prazos para conversão em caixa e um passivo circulante que vence amanhã.

> *Pausa para reflexão*
> Que empresa você esperaria ter maior índice de liquidez corrente: uma joalheria ou uma livraria? Por quê?

Observando as informações da Cia. Nacional, no quadro 22, percebemos que os índices de liquidez corrente e seca, assim como o CCL evoluíram favoravelmente de 20X4 para 20X6, aumentando a folga financeira de curto prazo da empresa. Em 31 de dezembro de 20X6, havia R$ 3,66 de AC para cada R$ 1,00 de PC. E considerando apenas os ativos de maior liquidez, R$ 2,37 para cada R$ 1,00 de PC. Esses números nos permitem inferir que a empresa tem capacidade de pagamento das dívidas de curto prazo.

Quadro 22
Índices de liquidez da Cia. Nacional

ÍNDICES FINANCEIROS	20X6	20X5	20X4
LIQUIDEZ, em número índice	20X6	20X5	20X4
Liquidez corrente (AC/PC)	3,66	3,67	3,17
Capital circulante líquido (AC-PC)	R$730.015	R$699.862	R$685.388
Liquidez seca (DISP + CONTAS A REC)/PC	2,37	2,29	2,16

Índices de estrutura

Os índices do grupo de estrutura apresentam aspectos do endividamento da empresa e permitem avaliar o risco do não cumprimento de seus compromissos. A decisão de financiamento das empresas se reflete em sua estrutura de capital, que, de forma simplificada, é representada no balanço patrimonial pela participação dos capitais de terceiros (PC + PNC) e dos capitais próprios (PL) no financiamento dos ativos.

O índice de endividamento geral mostra a participação de capitais de terceiros no total dos financiamentos ou no total dos ativos (AT).

$$\text{Índice de endividamento geral (END)} = [(PC + PNC) / AT] \times 100$$

Outra fórmula utilizada para apresentar a mesma informação é a relação percentual entre o capital de terceiros e o capital próprio (PL).

$$END = [(PC + PNC) / PL] \times 100$$

Pode-se afirmar que a primeira fórmula, que compara o capital de terceiros com o total dos ativos, tem melhor qualidade informacional, pois a diferença da percentagem calculada para o total de 100% é a participação do capital próprio.

Quando se analisa o endividamento, a grande dúvida sempre é sobre o limite de endividamento que uma empresa pode suportar. Podemos adiantar que essa é uma decisão dos gestores da empresa, mais ou menos avessos ao risco, e que o limite do endividamento depende da facilidade ou não de geração de caixa, da liquidez dos ativos e da capacidade de renovação das várias formas de captação dos recursos de terceiros.

Para melhor qualificar o endividamento, dois outros índices são utilizados. A composição do endividamento mostra a participação das obrigações de curto prazo em relação às obrigações totais. Nesse caso, o maior endividamento no curto prazo representa mais risco para a empresa, que pode não conseguir quitar suas dívidas.

$$\text{Composição do endividamento (Compend)} = [PC / (PC + PNC)] \times 100$$

O outro índice é o endividamento oneroso, que compara apenas as captações de recursos que geram despesas financeiras, com juros explícitos, que impactam desfavoravelmente o lucro líquido.

$$\text{Endividamento oneroso} = [(\text{empréstimos} + \text{financiamentos}) / (PC + PNC)] \times 100$$

> *Pausa para reflexão*
> Que empresa você esperaria ter maior índice de endividamento: uma instituição financeira ou uma empresa de alta tecnologia? Por quê?

Os índices de estrutura observados no quadro 23 mostram a estrutura de endividamento da Cia. Nacional.

Quadro 23
Índices de estrutura da Cia. Nacional

ESTRUTURA, em %	20X6	20X5	20X4
Endividamento (PC+PNC) / AT	20,9%	20,2%	25,0%
Composição do endividamento (PC/(PC+PNC))	86,2%	87,8%	88,2%
Endividamento oneroso (emp+fin)/(PC+PNC)	8,7%	0,4%	6,5%

A empresa apresenta um perfil conservador em termos de utilização de recursos de terceiros para financiar seus ativos, com cerca de 20% de índice de endividamento. O endividamento oneroso, que provoca despesas financeiras, é muito pequeno em relação ao capital de terceiros total, apesar de apresentar tendência de crescimento. Por outro lado, o endividamento no curto prazo é elevado, mas em conjunto com os outros índices do grupo não sinaliza preocupação quanto ao risco da empresa.

Índices de rentabilidade

Nesse grupo, vários índices financeiros utilizam o lucro gerado pela empresa. O lucro pode ser comparado com as receitas ou com o montante de investimentos realizado.

Quando as diversas medidas de lucro extraídas da DRE são comparadas com as receitas líquidas, temos indicadores de lucratividade, que variam de acordo com o conceito de lucro utilizado, dependendo das necessidades dos usuários da informação. São eles:

> Margem bruta, em % = (lucro bruto / receita líquida) × 100
> Margem operacional, em % = (lucro antes dos juros e impostos / receita líquida) × 100
> Margem líquida, em % = (lucro líquido / receita líquida) × 100

Na margem bruta identificamos quantos reais de lucro bruto foram gerados para cada R$ 100,00 de receita líquida. Na margem operacional, a relação é entre os reais de lucro antes dos juros e dos impostos e R$ 100 de receita líquida. E na margem líquida, comparamos os reais de lucro líquido com R$ 100,00 de receita líquida. Todas as margens são obtidas da comparação dos lucros com as receitas líquidas, em percentagem, identificando assim a eficiência da operação da empresa na geração dos lucros. O uso da receita líquida se justifica pelo fato de parte relevante das deduções da receita bruta não dependerem de decisões dos gestores, como os impostos sobre o faturamento.

> *Pausa para reflexão*
> Que empresa você esperaria ter maior margem líquida: uma fabricante de eletrodomésticos ou um varejista de alimentos? Por quê?

Quando o lucro é comparado com o investimento, obtemos indicadores de rentabilidade, como o retorno ou rentabilidade dos ativos e o retorno ou rentabilidade do PL. Esses indicadores também são percentuais, costumam ser calculados usando o lucro líquido e variam dependendo do investimento com o qual o lucro é comparado.

Então podemos definir:

- lucratividade é a relação entre os lucros obtidos na realização de um negócio e as respectivas receitas de vendas líquidas;
- rentabilidade é a relação entre os lucros obtidos na realização de um negócio e os investimentos necessários para sua realização.

Quadro 24
Lucratividade da Cia. Nacional

LUCRATIVIDADE	20X6	20X5	20X4
Margem bruta (LB / RL), em %	39,3%	39,4%	43,6%
EBITDA, em reais	227.261	277.280	406.218
Margem EBITDA (EBITDA / RL), em %	15,4%	17,5%	24,3%
Margem operacional (LOP / RL), em %	10,2%	13,8%	21,5%
Margem líquida (LL / RL), em %	13,6%	17,7%	19,0%

No quadro 24, observamos que, na Cia. Nacional, todos os índices de lucratividade pioraram no período, pela redução na receita de vendas e pelo aumento nos custos e despesas, impactando desfavoravelmente o lucro líquido, como já observamos na análise vertical e horizontal.

Acrescentamos nesse grupo de índices a informação sobre o EBITDA (lucro antes dos juros, dos impostos e da depreciação e amortização), que é calculado retirando do lucro bruto apenas as despesas realmente operacionais, sem deduzir a depreciação do imobilizado e a amortização do intangível. Junto com o EBITDA, calculamos a respectiva margem do mesmo modo que as outras, comparando essa medida de lucro com a receita líquida. Mesmo não sendo uma medida de lucro que apareça explícita na DRE, a margem EBITDA é um indicador amplamente utilizado e cuja divulgação é recomendada pela Comissão de Valores Mobiliários, assim como a forma de cálculo.

Os índices de rentabilidade propriamente ditos, que comparam os lucros com os investimentos realizados, são o retorno sobre o ativo total e o retorno sobre o PL.

O retorno sobre o ativo total, em inglês ROA ou *return on assets*, indica quantos reais de lucro foram gerados para cada R$ 100,00 de investimento em ativos. Dá uma ideia da gestão dos ativos para gerar lucro. Também é denominado rentabilidade dos ativos.

> Retorno sobre os ativos (ROA), em % = (lucro líquido / ativo total) × 100

Um ponto de atenção no cálculo do ROA é que o denominador pode ser o valor do ativo médio do período ou o ativo do fim do período. Outro cuidado ao calcular o ROA refere-se à utilização do ativo total líquido da depreciação acumulada. É conveniente adotar como ativo total o ativo bruto, para evitar a distorção de termos a taxa de retorno aumentando independentemente do aumento da eficiência na obtenção do lucro, mas sim porque o ativo foi diminuído pela depreciação acumulada do período.

Existem várias fórmulas de índices derivados do ROA. Destacamos aqui o retorno sobre o capital investido, em inglês ROIC ou *return on invested capital*, em que o numerador é o lucro operacional antes dos juros e após os impostos e o denominador é o chamado financiamento oneroso, que se compõe do PL mais empréstimos e financiamentos.

Os dois indicadores de retorno sobre ativos, ROA e ROIC, podem ser aumentados de várias formas:

- aumentando o volume de vendas;
- aumentando o preço unitário;
- reduzindo os custos e as despesas operacionais;
- reduzindo os ativos não circulantes;
- reduzindo os ativos circulantes.

Entretanto, essas diretrizes não podem ser consideradas isoladamente e nem no curto prazo, pois um aumento excessivo no preço, por exemplo, pode levar à diminuição do volume de vendas e consequente redução nos lucros.

O retorno sobre os ativos (ROA) se decompõe em dois fatores: margem líquida e giro dos ativos.

> ROA, em % = margem líquida × giro dos ativos, sendo:
> - margem líquida, em % = lucro líquido / receita líquida
> - giro do ativo, em número índice = receita líquida / ativo total

A margem líquida representa a lucratividade da empresa e o giro mostra quantos reais de receita a empresa consegue obter para cada R$ 1,00 de ativos, refletindo assim a eficiência no uso dos ativos.

Como o ROA depende tanto da lucratividade quanto do giro, podemos ter um setor em que a lucratividade seja alta, mas o giro dos ativos seja baixo (é o caso das indústrias pesadas, intensivas em imobilizado) e outro em que ocorre exatamente o inverso, ou seja, as margens de lucro são baixas, mas o giro é mais elevado (certos tipos de empresas de varejo), aumentando assim o retorno sobre os ativos.

Um dos indicadores mais utilizados para avaliar o desempenho de uma empresa, de forma global e completa, é o retorno sobre o PL ou ROE (*return on equity*), que serve como subsídio para determinar se os negócios realizados estão agregando valor ao patrimônio dos acionistas.

O retorno sobre o PL é o lucro líquido dividido pelo PL, indicando a eficiência com que a empresa utilizou o capital próprio, ou seja, representa o retorno do investimento dos acionistas, em bases contábeis.

> Retorno sobre o PL (ROE), em % = (LL / PL) × 100

Da mesma forma que no cálculo do ROA, no cálculo do ROE o denominador pode ser o valor do PL médio do período ou o PL do final do exercício. Quanto ao ROE, ainda devemos observar que:

- sua avaliação inclui somente o retorno, ignorando o risco que a empresa teve para obter aquele ROE. Para melhorar a qualidade da informação, sugerimos calcular também o retorno sobre o capital investido. O lucro operacional antes dos impactos financeiros dividido pelo capital investido oneroso representa a rentabilidade sem o impacto das diferentes estratégias de financiamento;

- sua avaliação considera o valor contábil do investimento realizado pelos acionistas e não o valor de mercado das ações da empresa. Os analistas questionam a adoção de indicadores de desempenho baseados em valores de mercado de ações, os quais podem ser alterados por fatores externos às empresas.

Modelo DuPont

Esse modelo foi desenvolvido na empresa DuPont nos anos 1930 com o objetivo de avaliar a rentabilidade da empresa e de suas unidades de negócio a partir dos fatores margem líquida e giro dos ativos. Posteriormente, o modelo foi expandido ao incluir uma medida do endividamento da empresa.

No modelo expandido, o ROE é decomposto em três fatores: margem líquida, giro dos ativos e multiplicador de alavancagem financeira, que devem ser gerenciados para obter o melhor retorno possível.

Existe uma correspondência entre esses três componentes do ROE e os demonstrativos financeiros. A margem líquida é extraída da DRE, refletindo o desempenho na geração de lucro. O giro dos ativos reflete a gestão dos ativos na geração de receita de vendas, e o multiplicador de alavancagem financeira expressa a decisão de financiamento da empresa (ambos relacionados ao dois lados do BP). Apesar de sua aparente simplicidade, esses três indicadores resumem os principais aspectos do desempenho financeiro de uma empresa. Veja:

- margem líquida: geração de lucro a partir da receita de vendas;
- giro dos ativos: receita de vendas obtida pelo uso eficiente dos ativos; e
- multiplicador de alavancagem financeira: montante de PL usado para financiar os ativos.

Para entender como as decisões gerenciais e o ambiente competitivo afetam o ROE, vamos examinar cada componente mais detalhadamente.

A margem líquida mede a fração de cada real de venda que se transforma em lucro, ou seja, os lucros obtidos a partir das vendas. Esse indicador é importante para os responsáveis pelas operações, pois reflete a estratégia de preços e a capacidade da empresa de controlar seus custos e despesas operacionais. As margens diferem entre os setores e, muitas vezes, no mesmo setor, dependendo de características do produto vendido e da estratégia competitiva da empresa.

> Margem líquida, em % = (lucro líquido / receita líquida) × 100

O giro dos ativos é uma medida da intensidade do uso de ativos. A natureza dos produtos e a estratégia competitiva da empresa contribuem para o valor do giro dos ativos, entretanto a atuação dos administradores no controle dos ativos pode fazer grande diferença quando todo o resto é igual. O objetivo da empresa deve ser a maximização da receita e a minimização dos ativos, pois esses são os meios necessários para a obtenção dos lucros, que geram valor para a empresa. O controle dos ativos é, portanto, especialmente crítico, sendo interessante o acompanhamento de índices de giro para o ativo não circulante e para alguns itens do circulante separadamente.

> Giro dos ativos, em número índice = receita líquida / ativo total

A margem e o giro dos ativos podem variar inversamente, pois empresas que adicionam muito valor aos produtos conseguem obter grandes margens, e como a agregação de valor geralmente exige maior quantidade de ativos, seu giro costuma ser baixo. Portanto, o melhor não é ter alta ou baixa margem, pois o que interessa é o efeito combinado da margem e do giro.

Vamos analisar o que margem e giro representam com o exemplo apresentado no quadro 25.

Quadro 25
Giro dos ativos, em número índice

Receita de vendas	R$ 500
Ativo	R$ 250
Giro dos ativos	2,00

Receita de vendas	R$ 500
Ativo	R$ 200
Giro dos ativos	2,50

Receita de vendas	R$ 600
Ativo	R$ 200
Giro dos ativos	3,00

Inicialmente, o giro dos ativos é 2,0 vezes. Se o administrador conseguir fazer uma redução de estoques ou se desfazer de uma propriedade ociosa, o ativo total pode cair para $ 200. Nesse caso, o giro aumenta para 2,5 vezes. Agora suponhamos que o administrador conseguiu aumentar seu volume de vendas e as receitas para $ 600, sem aumento dos ativos, aumentando o giro para 3,0 vezes. Esse é um índice extremamente claro ao apontar problemas e possíveis melhorias na otimização do uso e na redução dos ativos.

As duas empresas a seguir (quadro 26) apresentam o mesmo retorno sobre ativos, ou ROA, de 20%, obtido de formas diferentes em função das margens e dos giros.

Quadro 26
Giro do ativo: varejo x siderúrgica

	Varejo	**Siderúrgica**
Receita de vendas	R$ 1.000.000	R$ 1.000.000
Lucro líquido	R$ 20.000	R$ 200.000
Ativo total	R$ 100.000	R$ 1.000.000
Margem líquida	2%	20%
Giro dos ativos	10	1

O retorno sobre os ativos (ROA = margem líquida × giro dos ativos) mostra a eficiência do administrador na gestão dos recursos aplicados. O ROA difere do ROE por medir o lucro como percentual dos ativos totais e não só do capital investido pelos acionistas.

O último componente no cálculo do ROE é o multiplicador de alavancagem financeira (MAF), que reflete a relação entre o capital próprio e o capital de terceiros empregados para financiar os ativos (lado do passivo do BP). Uma empresa aumenta sua alavancagem financeira quando aumenta a proporção de capital de terceiros em relação ao capital próprio. Com o aumento do capital de terceiros o MAF fica maior.

> Multiplicador de alavancagem financeira (MAF) = ativo total / patrimônio líquido

A natureza do negócio influi na alavancagem que a empresa pode adotar. Fluxos de caixa estáveis e previsíveis permitem a maior utilização de capital de terceiros. Nesse caso, o desafio é obter um equilíbrio ótimo entre os benefícios e os custos do endividamento por meio de capital de terceiros.

O quadro 27 mostra os índices de rentabilidade e a decomposição do *ROE* para a Cia. Nacional.

Quadro 27
Índices de rentabilidade da Cia. Nacional

RENTABILIDADE	20X6	20X5	20X4
Margem líquida (LL / RL), em %	13,6%	17,7%	19,0%
Giro do ativo total (RL / AT), em número índice	0,96	1,08	1,17
Rentabilidade do ativo (LL / AT), em %	13,0%	19,1%	22,2%
Rentabilidade do patrimônio líquido (LL / PL), em %	16,5%	24,0%	29,6%
Multiplicador de alavancagem financeira (AT/PL), em número índice	1,26	1,25	1,33

A margem líquida se reduziu nos três períodos, como já analisamos no grupo dos índices de lucratividade. O giro dos ativos também se reduziu, mas as diferenças nos valores dos três períodos são pequenas. Já as variações do ROA e do ROE são mais intensas e há necessidade de detalhar suas causas. O multiplicador de alavancagem financeira, que mostra a estrutura de financiamento da empresa, variou pouco, repetindo informação já obtida quando da análise do índice de endividamento. Portanto, a variação no ROA aconteceu pelo efeito combinado das reduções na margem líquida e no giro dos ativos.

Para entender melhor as relações entre os índices do quadro 27, vamos analisar os fatores componentes do ROE por meio do modelo ou método DuPont.

O modelo DuPont usa o retorno sobre o patrimônio líquido, ROE, como ponto de partida. É uma ferramenta direcionada para os acionistas, mas também é um instrumento para auxiliar o administrador financeiro em suas funções. A decomposição da fórmula do ROE em seus três elementos aumenta a qualidade da informação disponível.

> ROE, em % = [(lucro líquido / receita líquida) × (receita líquida / ativo total) × (ativo total / PL)] × 100

A fórmula apresentada é equivalente à anterior (ROE = LL / PL em %), entretanto a decomposição nos três fatores nos mostra como e onde agir para obter o máximo retorno para o acionista.

A margem líquida focaliza o lado operacional da empresa. Trabalha com dados da DRE, mostrando com que grau de eficiência foi feita a produção ou prestação do serviço ou qual o residual de lucro para cada real vendido, após terem sido descontados todos os custos e despesas incorridos, além dos tributos. É importante ressaltar que não existe margem líquida boa ou ruim. Cada negócio possui características diferentes. Comparações entre margens devem ser feitas cuidadosamente, apenas entre empresas com atividades e portes semelhantes.

O giro dos ativos mostra a otimização, ou não, no uso dos bens e direitos da empresa. Esse índice utiliza dados do ativo e da DRE. Para esse índice também não existe padrão de desempenho bom ou ruim. Uma empresa pode ter giro alto e baixa margem e outra pode obter o mesmo ROA com alta margem e baixo giro. Um grande número de alternativas se apresenta ao administrador, que poderá melhorar o retorno sobre os ativos atuando sobre a margem líquida (operação), ou sobre o giro (otimização de uso dos ativos), ou sobre ambos.

O terceiro componente da fórmula do ROE enfoca o lado do passivo mais PL do balanço patrimonial, ou seja, como a empresa financia suas operações. Um multiplicador de alavancagem financeira igual a três, por exemplo, significa que, para cada dois reais de recursos de terceiros a empresa investiu um real em capital próprio.

As diversas fontes de financiamento disponíveis para as empresas possuem custos diferentes. A forma como o administrador pondera a utilização dessas fontes influi no desempenho da empresa. As várias fontes de recursos podem ser classificadas em fontes espontâneas e fontes não espontâneas ou onerosas. As fontes espontâneas são os financiamentos sem custo explícito, ou seja, as contas a pagar que surgem naturalmente da operação da empresa, como salários a pagar, impostos a recolher, fornecedores em curto prazo, entre outras. As fontes não espontâneas ou onerosas são os empréstimos e financiamentos e o capital próprio. A alavancagem financeira mostra a relação entre as fontes de terceiros e próprias, espontâneas e não espontâneas.

Diferentemente dos índices de margem líquida e giro dos ativos, que em geral as empresas procuram maximizar, o multiplicador de alavancagem financeira não é um índice que o administrador necessariamente deseja maximizar, mesmo que a consequência seja um aumento do ROE. A maximização da alavancagem financeira aumenta o risco da empresa, dificultando o acesso a recursos, e aumenta o montante de despesas financeiras, o que reduz o lucro. A empresa deve buscar um equilíbrio entre os benefícios e os custos de utilizar capital de terceiros.

O modelo DuPont deve ser preenchido da esquerda para a direita, utilizando as informações obtidas da DRE (receitas, custos, despesas e impostos) e do BP (grupos de contas do ativo e do passivo mais PL). A partir das informações das demonstrações, os vários índices são calculados em sequência até o ROE. No entanto a realização da análise é feita da direita para a esquerda, ao comparar o ROE de dois períodos e buscar a causa da variação. As causas podem ter origem no MAF ou no ROA, ou em ambos, no giro dos ativos ou na margem líquida, ou em ambos, até chegar às contas ou grupos de contas das demonstrações financeiras.

A figura 1 apresenta os dados da Cia. Nacional no diagrama do Modelo DuPont, para o exercício de 20X6. Os valores referentes ao exercício anterior, de 20X5, também poderiam ser incluídos, para fins de comparação. Como estes já constam do quadro 27, vamos recapitular:

- margem líquida: 17,7%;
- giro do ativo: 1,08 vez;
- ROA: 19,1%;
- MAF: 1,25 vez;
- ROE: 24,0%.

A análise segundo essa metodologia se inicia observando a variação do ROE, em dois ou mais exercícios. Notar que houve uma queda: de 24% no ano anterior, para 16,5% no ano atual. Como o MAF praticamente não se alterou, a causa da diminuição está no ROA, que passou de 19,1% para 13,0%.

Fazendo o desdobramento dos componentes do ROA, percebemos que a origem da variação desfavorável está na redução da margem líquida, de 17,7% para 13,6%. O caminho percorrido até aqui nos direciona para a DRE e não para o BP. Já sabemos pela análise vertical e horizontal que a redução nas vendas e o aumento nos custos e despesas causaram a redução do lucro e da margem líquida.

Um aprimoramento possível no Modelo DuPont é acrescentar a análise horizontal das informações das demonstrações financeiras usadas para calcular o ROE e seus componentes.

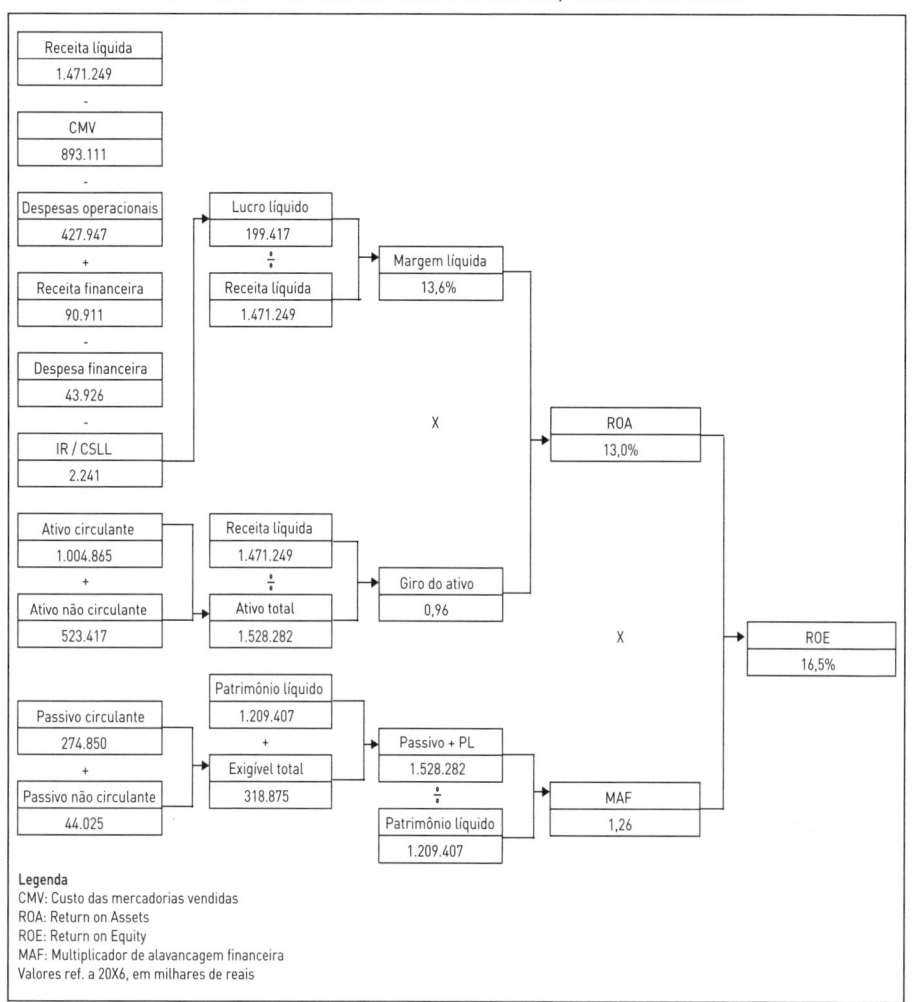

ANÁLISE ECONÔMICO-FINANCEIRA: DETALHAMENTO DOS ÍNDICES

Figura 1
Modelo DuPont da Cia. Nacional, exercício 20X6

Receita líquida	1.471.249
CMV	893.111
Despesas operacionais	427.947
Receita financeira	90.911
Despesa financeira	43.926
IR / CSLL	2.241
Lucro líquido	199.417
Receita líquida	1.471.249
Margem líquida	13,6%
Ativo circulante	1.004.865
Ativo não circulante	523.417
Receita líquida	1.471.249
Ativo total	1.528.282
Giro do ativo	0,96
ROA	13,0%
Passivo circulante	274.850
Passivo não circulante	44.025
Patrimônio líquido	1.209.407
Exigível total	318.875
Passivo + PL	1.528.282
Patrimônio líquido	1.209.407
MAF	1,26
ROE	16,5%

Legenda
CMV: Custo das mercadorias vendidas
ROA: Return on Assets
ROE: Return on Equity
MAF: Multiplicador de alavancagem financeira
Valores ref. a 20X6, em milhares de reais

Índices de prazos médios

Os índices desse grupo calculam os prazos para a determinação do ciclo operacional e do ciclo financeiro da empresa, que auxiliam na tomada de decisões estratégicas comerciais e financeiras.

O início do ciclo operacional de uma empresa é a compra de mercadorias, matérias-primas ou materiais, dependendo de seu tipo de atividade. O prazo médio de estoques (PME) indica para quantos dias de vendas o estoque é suficiente, em média.

- Prazo médio de estoques (PME) = (estoque / (CMV / 360)), em que estoque é o saldo da conta no balanço patrimonial na data final do período em análise e CMV / 360 são os custos das vendas médias diárias.

Nas empresas comerciais, o PME é o tempo médio de estocagem de mercadorias; nas empresas industriais, os cálculos se tornam mais complexos, pois devem ser levados em conta o prazo de estoque de matéria-prima, o tempo de produção e o prazo de estoque de produtos acabados, até o momento da venda.

Considerando uma empresa comercial, após o tempo de estocagem a mercadoria é vendida. Nesse momento começa o prazo médio de recebimento, que representa quantos dias de vendas permanecem no ativo do BP, nas contas a receber, antes do recebimento.

- Prazo médio de recebimento (PMR) = contas a receber / (receita de vendas / 360), em que contas a receber é o saldo da conta no balanço patrimonial na data final do período em análise e receita de vendas / 360 são as vendas médias diárias.

Esse intervalo de tempo indica quanto a empresa está fornecendo de prazo de pagamento para seus clientes, em média.

A soma dos prazos médios de estoque e recebimento (PME e PMR) é o ciclo operacional da empresa em dias, desde a compra dos insumos ao recebimento da venda, também chamado de prazo de investimento.

$$\text{Ciclo operacional, em dias} = PME + PMR$$

No mesmo momento da compra, começa o prazo dado pelos fornecedores para o pagamento pela empresa. O prazo médio de pagamento é o intervalo de tempo entre a compra dos insumos e o respectivo pagamento, em média. Nesse período, os fornecedores financiam uma parte ou todo o ciclo operacional da empresa.

- Prazo médio de pagamento (PMP) = fornecedores / (compras / 360), onde fornecedores é o saldo da conta no balanço patrimonial e compras / 360 são as compras médias diárias.

O valor das compras do período, em uma empresa comercial, pode ser calculado pela fórmula:

$$\text{Compras} = \text{CMV} - \text{EI} + \text{EF}$$

onde:
- CMV é o custo da mercadoria vendida;
- EI é o estoque existente no início do período;
- EF é o estoque existente no fim do período.

Ciclo financeiro é o intervalo, em dias, entre o pagamento ao fornecedor e o recebimento do cliente, sendo que nesse intervalo a empresa geralmente necessita de outra fonte de financiamento.

$$\text{Ciclo financeiro, em dias} = \text{PME} + \text{PMR} - \text{PMP}$$
$$\text{ou}$$
$$\text{Ciclo financeiro, em dias} = \text{ciclo operacional} - \text{PMP}$$

Na maior parte das empresas, o ciclo operacional é maior do que o PMP, ou seja, o ciclo financeiro é positivo, o que significa que a empresa precisa buscar outras fontes de financiamento para conduzir a operação. Se o ciclo operacional é menor do que o PMP, ou seja, o ciclo financeiro é negativo, a situação é favorável para a empresa, que tem toda a sua operação financiada pelos fornecedores, o que reduz as despesas financeiras impactando favoravelmente o lucro.

Algumas observações referentes aos cálculos dos índices de prazos médios são: o uso de valores médios de compras e vendas quando não há uniformidade ao longo do ano e o uso de valores médios das contas do balanço patrimonial. Se há sazonalidade, os índices devem ser calculados para intervalos de tempo coerentes com os níveis de atividade da empresa. E, para as contas do balanço patrimonial, o correto é utilizar o saldo final de contas a receber, fornecedores e estoques, que já representam a média dos diversos prazos utilizados pela empresa.

Para exemplificar o uso dos índices de prazos médios, apresentamos no quadro 28 dois exemplos de empresas varejistas, mas de atividades e portes diferentes.

Quadro 28
Exemplos de prazos médios

Exemplo de grande rede varejista

PRAZOS MÉDIOS, em dias	X2	X1
PME	60	62
PMR	6	6
PMP	97	89
Ciclo operacional	66	69
Ciclo financeiro	(31)	(20)

Exemplo de varejo de medicamentos

PRAZOS MÉDIOS, em dias	X2	X1
PME	90	164
PMR	28	55
PMP	52	76
Ciclo operacional	118	219
Ciclo financeiro	66	143

Na primeira empresa, o ciclo financeiro é negativo e favorável nos dois períodos. Essa empresa tem a operação totalmente financiada pelos fornecedores, sem precisar captar recursos para completar o ciclo operacional. Além disso, o ciclo financeiro ficou mais negativo de um período para o outro.

A segunda empresa tem um ciclo operacional muito maior e o ciclo financeiro é positivo e desfavorável. O PMP dos fornecedores é bem menor do que o ciclo operacional e há necessidade de captação de recursos no curto prazo.

Aproveitando os exemplos acima, ressaltamos que as empresas sempre querem reduzir seus ciclos operacionais, seja reduzindo o PME, ou o PMR, ou ambos. A maior eficiência na gestão dos estoques pode ser conseguida pelos gestores, mas a redução no prazo para os clientes pode ter um impacto desfavorável de redução no volume de vendas. A negociação com os fornecedores para obter um PMP maior é um aspecto crítico para melhorar o ciclo financeiro.

Os índices de prazos médios podem ser substituídos por índices de giro, entretanto optamos pelo uso dos prazos médios em dias para permitir sua soma e subtração no cálculo dos ciclos operacional e financeiro.

Outras informações relevantes para a análise econômico-financeira

As análises realizadas até agora utilizaram informações obtidas em duas demonstrações financeiras: balanço patrimonial e demonstração do resultado do exercício. Entretanto a demonstração do fluxo de caixa (DFC), além de explicar a variação no saldo do disponível, ou caixa e equivalentes de caixa, fornece uma informação muito relevante para a avaliação do desempenho da empresa: o caixa gerado pelas atividades operacionais. A variação líquida do disponível pode ser positiva pela venda de ativo não circulante ou negativa pelo pagamento de empréstimo. Em ambas as situações, a variação líquida não nos mostra a geração de caixa que é realmente relevante: a oriunda da operação da empresa.

No caso da Cia. Nacional, conforme o quadro 29, a geração de caixa das atividades operacionais é positiva e estável, apesar da oscilação na variação líquida do disponível.

Quadro 29
DFC da Cia. Nacional, em milhares de reais

DEMONSTRAÇÃO DO FLUXO DE CAIXA	20X6	20X5	20X4
Lucro líquido contábil	199.417	281.170	318.858
Caixa gerado nas atividades operacionais	285.220	227.437	292.216
Caixa gerado (aplicado) nas atividades de investimento	(47.787)	355.380	(95.885)
Caixa gerado (aplicado) nas atividades de financiamento	(139.770)	(650.027)	(159.857)
Variação líquida no disponível	97.663	(67.210)	36.474
(+) Disponível no início do exercício	104.325	171.535	135.061
= Disponível no fim do exercício	201.988	104.325	171.535

Além das informações financeiras, o processo de análise se completa com informações sobre a governança da empresa, características dos produtos vendidos ou serviços prestados, condições do setor de atividade e aspectos macroeconômicos, principalmente.

Resumo da análise econômico-financeira da Cia. Nacional

A análise financeira realizada, relativa ao período de 20X4 a 20X6, nos permite apontar alguns aspectos relevantes sobre o desempenho da Cia. Nacional.

No BP, a estrutura de ativos e de financiamentos permanece estável. Não houve crescimento dos ativos em termos reais, considerando a taxa de inflação do período. A estrutura de capital é conservadora, com pouco uso de capitais de terceiros, e o endividamento oneroso é crescente, mas pouco relevante, indicando pouco risco financeiro.

Na DRE, observamos redução na receita de vendas acompanhada de aumento de custos e despesas, o que trouxe como consequência a redução nas várias margens de lucro. A redução na margem líquida impactou desfavoravelmente os índices de rentabilidade ROA e ROE.

Na DFC, a geração de caixa das atividades operacionais foi crescente de 20X5 para 20X6. Em 20X6, a geração de caixa da operação foi maior do que o lucro líquido.

A conclusão da análise da Cia. Nacional, considerando as técnicas utilizadas, é que se trata de uma empresa estável, conservadora, pouco endividada, com operação geradora de caixa, mas com receitas de vendas e lucros decrescentes, pois enfrentou nesse período redução de demanda causada, provavelmente, por problemas macroeconômicos.

Problemas e limitações da análise econômico-financeira

O usuário das demonstrações financeiras enfrenta alguns problemas no processo de análise, como a distorção dos dados por sazonalidade, a não atualização monetária das informações disponibilizadas, a qualidade das notas explicativas, o desenvolvimento de dados para comparação e até praticas desonestas com o objetivo de melhorar o desempenho da empresa ou reduzir o montante de impostos a pagar.

Em relação à necessidade de dados para comparação, é possível adquirir informações de fontes externas, empresas especializadas em classificação de risco de crédito. No caso da aquisição de índices já calculados, é imprescindível verificar as fórmulas utilizadas antes da comparação. Além disso, devemos evitar comparar empresas de setores e portes diferentes, comparar empresas com exercícios diferentes (informações semestrais e informações anuais) e comparar informações de momentos diferentes sem atualização monetária. No Brasil, muitas grandes empresas são subsidiárias de multinacionais estrangeiras, o que dificulta a obtenção de dados para comparação, pois seus relatórios só são divulgados no país de origem.

Conclusão

A análise por índices econômico-financeiros não é um conjunto mecânico de cálculos, mas sim uma combinação de etapas e informações que se relacionam e devem ser analisadas de forma integrada, com o apoio da análise vertical e horizontal descrita no capítulo 5. Podemos concluir que, com alguns cuidados e pontos de atenção, o processo de análise econômico-financeira de empresas mostra sinais, sintomas que nos permitem realizar inferências, que auxiliam na tomada de decisão por parte dos vários *stakeholders*.

Conclusão geral

Iniciamos este livro apresentando a contabilidade e sua importância nos processos de decisão, tanto por parte dos gestores, quanto pelos agentes externos, passando pela estrutura das demonstrações financeiras e o processo de registro das transações contábeis, além de tópicos especiais.

A relevância e a oportunidade do tema aqui tratado estão associadas a uma transformação na contabilidade em vista do alinhamento do Brasil aos padrões contábeis internacionais (IFRS). A mudança na Lei das S.A. em 2007 e a adoção completa das novas práticas, em 2010, alteraram a natureza e a qualidade das informações geradas e o papel do contador nas empresas. Passamos de um estágio onde o foco dos relatórios externos era reduzir o pagamento de tributos para uma nova era de relatórios que apresentam com mais fidedignidade a realidade econômica e financeira das empresas, com novas demonstrações e novas formas de registro, comparáveis em muitos países.

Com certeza, essa mudança trouxe grandes benefícios ao processo de análise econômico-financeira das empresas, que, apesar de conter limitações, gera informações sobre vários aspectos do desempenho passado, que, por sua vez, nos permitem inferir sobre o desempenho futuro.

A análise e a interpretação das demonstrações financeiras não se resumem a cálculos, pois as informações obtidas são avaliadas de forma dinâmica e levam em conta outros elementos sobre a empresa, como condições do setor de atuação, aspectos macroeconômicos locais e globais e, mais recentemente, a forma como a empresa lida com impactos sociais e ambientais.

É importante ressaltar que, em função do objetivo deste livro e da amplitude do tema, os assuntos abordados podem e devem ser aprofundados. Esperamos ter despertado o interesse dos leitores para essa fonte riquíssima de informações que é a contabilidade e sobre o processo de análise das demonstrações financeiras, que nos informa sobre a qualidade da gestão das empresas e seu impacto na sociedade.

Referências

ALMEIDA, Marcelo Cavalcanti. *Iniciação à contabilidade em IFRS e CPC*. São Paulo: Gen-Atlas, 2017.

BUFFETT, Mary; CLARK, David. *Warren Buffett e a análise de balanços*. Rio de Janeiro: Sextante, 2010.

COMITÊ DE PRONUNCIAMENTOS CONTÁBEIS (CPC). CPC 09 – Demonstração do valor adicionado (DVA). Brasília, DF: CPC, 2008.

_____. *CPC 03* – Demonstração dos fluxos de caixa. Brasília, DF: CPC, 2010.

_____. *CPC 00 (R1)* – Estrutura conceitual para a elaboração e apresentação das demonstrações contábeis. Brasília, DF: CPC, 2011a.

_____. *CPC 26* – Apresentação das demonstrações contábeis. Brasília, DF: CPC, 2011b.

_____. *Portal institucional*. [S.d.]. Disponível em: <www.cpc.org.br>. Acesso em: ago. 2018.

CONSELHO DELIBERATIVO DO ÍNDICE DE SUSTENTABILIDADE EMPRESARIAL (CISE). *Questionário ISE 2018* – Versão final (ISE B3). [S.l.], 2018. Disponível em: <https://isebvmf.com.br/questionario-ise-2018-versao-final/?locale=pt-br>. Acesso em: set. 2018.

EQUIPE DE PROFESSORES DA FEA/USP. *Contabilidade introdutória*. 11. ed. São Paulo: Atlas, 2010

GELBCKE, Ernesto Rubens et al. *Manual de contabilidade societária*: aplicável a todas as sociedades. 3. ed. São Paulo: Fipecafi/Atlas, 2018.

MÁLAGA, Flávio K. *Análise de demonstrativos financeiros e da performance empresarial*. 2. ed. São Paulo: Saint Paul, 2012.

MARION, José Carlos; IUDÍCIBUS, Sérgio de. *Contabilidade comercial*. 8. ed. São Paulo: Atlas, 2009.

_____; _____. *Contabilidade para não contadores*. 7. ed. São Paulo: Atlas, 2011.

MATARAZZO, Dante Carmine. *Análise financeira de balanços*. 7. ed. São Paulo: Atlas, 2010.

PADOVESE, Clóvis Luis. *Introdução à contabilidade*. 2. ed. São Paulo: Cengage, 2016.

PALMA, Antonio Jacinto Caleiro. *Manual de direito empresarial*. 2. ed. São Paulo: Quartier Latin, 2010.

SALIM, Jean Jacques. *Contabilidade & finanças de A a Z*: guia prático de termos técnicos inglês-português-inglês. São Paulo: Cengage, 2018.

WEIL, R.; SCHIPPER, K.; FRANCIS, J. *Contabilidade financeira*: introdução aos conceitos, métodos e aplicações. 14. ed. São Paulo: Cengage Learning, 2016.

YAMAMOTO, Marina Mitiyo; PACCEZ, João Domiraci; MALACRIDA, Mara Jane Contrera. *Fundamentos de contabilidade*. São Paulo: Fipecafi/Saraiva, 2011.

Para enriquecer

O professor Málaga, doutor em Finanças e autor de *Análise de demonstrativos financeiros e da performance empresarial* (2012:20-21), definiu o papel da contabilidade e a importância da análise das demonstrações financeiras da seguinte forma:

> Com base em seus mecanismos de controle, de apontamento dos eventos da empresa e das demonstrações financeiras que resultam desses apontamentos, a Contabilidade permite verificar a evolução e a qualidade das decisões tomadas pelos gestores das empresas e mensurar efetivamente a rentabilidade do capital dos sócios, que é o objetivo primordial das empresas.
>
> A análise das demonstrações financeiras é uma habilidade essencial em trabalhos que envolvam gestão de investimentos, alocação de recursos, finanças corporativas, concessão de créditos, entre outros. A parte mais fácil de qualquer análise reside na extração de índices financeiros e na comparação deles entre empresas. A existência de bases de dados facilita ainda mais esse trabalho, bastando ao analista consultá-los. É preciso conhecer, de forma mais profunda e precisa, o perfil financeiro das empresas em análise.

Comentários

A primeira afirmação ressalta a natureza utilitária da contabilidade, qual seja, verificar a qualidade das decisões dos gestores, quantificada pelo principal indicador: retorno sobre o investimento para os acionistas.

A segunda afirmação reconhece a importância da análise das demonstrações financeiras em diversos contextos, desde que não se limite ao cálculo mecânico dos índices, muitos dos quais já se acham disponíveis em anuários e suplementos.

Uma questão de método

Mary Buffett e David Clark, autores de *Warren Buffett e a análise de balanços* (2010:16-17), se propuseram a identificar o "método" empregado pelo megainvestidor para detectar as empresas nas quais investiria seu capital.

Tudo começou quando Buffett decidiu estudar as demonstrações financeiras das empresas bem-sucedidas, a fim de entender o que as tornava investimentos de longo prazo tão fantásticos.

Ele descobriu que essas companhias se beneficiavam de algum tipo de vantagem competitiva que criava uma situação econômica semelhante a um monopólio, permitindo que cobrassem mais ou vendessem mais, superando a concorrência.

Buffett percebeu que, se a vantagem competitiva fosse durável, então o valor subjacente da companhia continuaria a crescer ano após ano. Em consequência, valeria a pena manter o investimento pelo maior tempo possível.

Também percebeu que o mercado reconheceria em algum momento futuro o aumento do valor subjacente da companhia e empurraria a cotação de suas ações para cima.

Buffett considerava ainda mais mágico do ponto de vista financeiro o fato de que havia modelos de negócios fantásticos a seu favor e, portanto, seria mínima a chance de aquelas companhias algum dia irem à falência.

Quando está analisando as demonstrações financeiras de uma empresa, Buffett focaliza a consistência e a constância da vantagem competitiva por meio de parâmetros como: margens, pouca ou nenhuma dívida, poucos ou muitos gastos com P&D, magnitude e direção dos lucros.

Lição ensinada

A abordagem desenvolvida e aplicada por Buffett não se distancia das afirmações de Málaga; ao contrário, as corrobora. Seu método de análise prima pela coerência entre meios e fins. A contabilidade é sua fonte de referência. As demonstrações financeiras e os indicadores delas derivados possibilitam que o megainvestidor alcance seu objetivo: identificar companhias com oportunidades de ganhos excepcionais. Como saber que se está diante de uma oportunidade lucrativa? Por meio dos indicadores tradicionais de liquidez, estrutura, rentabilidade e, sobretudo, pela identificação da existência de vantagem competitiva durável.

Glossário

Alavancagem financeira. Importante conceito na área contábil-financeira que informa o grau de utilização de recursos de terceiros no financiamento da empresa. Quanto mais alavancada a empresa, mais endividada, mas também com maior potencial de gerar resultado para os acionistas.

Ativo. Grupo formado por itens valiosos que são de propriedade ou controlados pela empresa. O item deve ter sido adquirido a um custo explícito. Exemplos: caixa, depósitos bancários, contas a receber, estoques, imobilizado.

Ativo circulante. Grupo que identifica o caixa disponível para empresa e outros itens que se espera que sejam convertidos em caixa ou utilizados (consumidos) no futuro próximo, em geral dentro de um ano. Compare com ativo não circulante.

Ativo de uma entidade. Conjunto de recursos econômicos controlados pela entidade e dos quais se esperam benefícios econômicos futuros. De forma simplista, são os bens e direitos que têm valor para ela. As fontes de fundos utilizadas para adquirir os ativos dividem-se em passivo e patrimônio líquido.

Ativo não circulante. Grupo contábil que identifica as aplicações de recursos em bens e direitos de longo prazo, como imobilizado e investimentos societários. Juntamente com o ativo circulante, evidencia o ativo total das empresas.

Ativo total. Conjunto de recursos controlados por uma entidade. Seu montante é igual ao passivo total mais patrimônio líquido, tal como expresso pela *equação fundamental do balanço:* AC + ANC = PC + PNC + PL.

Ativos imobilizados. São ativos tangíveis ou corpóreos de permanência duradoura, tais como máquinas, equipamentos, móveis, imóveis, veículos, em geral mantidos para uso pela entidade. A cada período contábil (geralmente um ano), uma fração do seu valor é debitada como despesa de depreciação e creditada em depreciação acumulada. Terrenos possuem vida ilimitada e raramente são depreciados.

Balanço patrimonial da entidade. Montantes do ativo, do passivo e do patrimônio líquido existentes em uma determinada data. É uma demonstração da posição financeira e patrimonial.

Capital circulante líquido (CCL). Grandeza monetária obtida quando se calcula ativo circulante menos passivo circulante, ou seja, CCL = AC − PC. Indica a folga financeira da empresa, uma vez que confronta os bens e direitos realizáveis no curto prazo com as dívidas vencíveis no curto prazo. Também é chamado de capital de giro líquido.

Capital permanente. Capital que a empresa obtém de duas fontes: (1) dívidas (i.e., passivo não circulante) ou simplesmente capital de terceiros a longo prazo e (2) patrimônio líquido, ou simplesmente capital próprio. Ela usa esse capital para financiar (1) o capital de giro líquido (i.e, ativo circulante menos passivo circulante) e (2) o ativo não circulante.

Capital social. Nome que se dá ao montante originado da emissão de ações ordinárias e ações preferenciais. Na sociedade anônima é constituído por ações que pertencem aos acionistas (proprietários). Obs.: as reservas de lucros não representam dinheiro, mas o registro de quanto a empresa acumulou de lucros e reinvestiu no próprio negócio ao longo dos anos.

Contas permanentes. São as contas de ativo, de passivo e de patrimônio líquido. Seus saldos são transportados para o próximo período contábil. Contrastam com contas temporárias.

Contas temporárias. São as contas de receita e de despesa. Ao final de cada período contábil, elas são encerradas. A diferença positiva entre as receitas e despesas de um período é o lucro líquido do período. Essas receitas e despesas são reportadas na demonstração do resultado. Contrastam com contas permanentes.

Continuidade. Conceito segundo o qual a contabilidade pressupõe que a entidade irá operar indefinidamente. Não há data para seu encerramento.

CPC. Sigla de Comitê de Pronunciamentos Contábeis, entidade brasileira responsável pela emissão de normas que orientam e regulamentam as práticas contábeis. Tem a missão de promover a convergência internacional.

Crédito. Refere-se ao lado direito da conta contábil. Aumentos em contas de passivo, de patrimônio líquido e de receita são créditos. Reduções funcionam ao contrário.

Credores. Têm maiores direitos sobre os ativos, em comparação com os proprietários, que têm direitos residuais.

Custo das vendas. Se a empresa não possui registro do custo específico dos itens que foram vendidos durante um período, poderá apurar o custo das vendas: (1) adicionando as compras ao estoque inicial, para obter o valor das mercadorias disponíveis para venda e (2) subtraindo desse valor o estoque final. Fórmula: $CV = EI + C - EF$.

Custos de *overhead*. Custos indiretos de fabricação cuja alocação aos produtos pode ser feita com base numa taxa, tal como a taxa por hora de mão de obra direta.

Custos de período. São aqueles lançados como despesa no período em que são incorridos. Custos de produto tornam-se custo das vendas no período em que os produtos são vendidos, o que costuma ocorrer posteriormente ao período de fabricação.

Custo do imobilizado. Quando adquirido, um ativo imobilizado é registrado pelo valor de aquisição, incluindo instalação, fretes, seguros e outros custos para colocá-lo em condições de uso.

Custo dos produtos acabados. Em uma indústria, é o montante dos custos com material direto, mão de obra direta e *overhead*.

Custo histórico. Conceito segundo o qual a contabilidade focaliza o custo de aquisição dos itens do ativo e não seu valor de mercado.

Custo médio ponderado (CMP). Método de atribuição de valor aos estoques que adota o custo médio dos bens disponíveis para venda com a finalidade de apurar o custo das vendas e o estoque final. A escolha do método em geral não é livre para as empresas, dadas as implicações sobre o imposto de renda e as formas como a legislação de cada país trata a questão. Também chamado de método da média ponderada móvel.

Debênture. Forma típica de dívida, representada por títulos que permitem à empresa captar recursos do público investidor, em troca da promessa de pagar juros e devolver o principal no vencimento.

Débito. Refere-se ao lado esquerdo da conta contábil. Aumentos em contas de ativo, assim como em contas de despesa, são débitos. Reduções funcionam ao contrário.

Demonstração do resultado do exercício. Relatório contábil que evidencia as receitas e despesas do período. A última linha ou resultado líquido mostra se houve acréscimo (lucro) ou decréscimo (prejuízo) no patrimônio líquido como resultado das atividades do período.

Demonstração dos fluxos de caixa. Outra importante demonstração contábil, além do balanço patrimonial e da demonstração do resultado do exercício. Apresenta as entradas e saídas de caixa durante um dado período contábil. É organizada em três seções: fluxo de caixa das atividades operacionais, fluxo de caixa das atividades de investimento e fluxo de caixa das atividades de financiamento.

Demonstrações financeiras. Também referidas como demonstrações contábeis, compõem o conjunto de relatórios contábeis que proporciona uma visão ampla e integrada do desempenho da empresa. São representadas pelo balanço patrimonial, demonstração do resultado do exercício, demonstração das mutações do patrimônio líquido, demonstração dos fluxos de caixa e demonstração do valor adicionado.

Denominador comum monetário. Conceito segundo o qual a contabilidade registra e demonstra apenas os eventos que podem ser expressos em unidades monetárias.

Despesa de depreciação. É uma estimativa, pois não é possível saber ao certo a duração da vida útil nem o valor residual de um ativo imobilizado. Reflete o uso do imobilizado.

Despesas de período. São: (1) custo dos produtos (bens e serviços) entregues aos clientes durante o período; (2) outros dispêndios que beneficiam as operações do período; e (3) perdas, isto é, decréscimos de ativos oriundos de causas diversas, como incêndio e furto, entre outras.

Despesas x ativos. Despesas são custos expirados. Ativos são custos não expirados.

Dividendos (1). Parcela dos lucros gerados pelas operações e destinada a remunerar os acionistas.

Dividendos (2). Representa a distribuição de lucros aos acionistas. Não são uma despesa e por isso não aparecem na demonstração do resultado do exercício.

Dividendos (3). Valores que, quando distribuídos aos acionistas, reduzem os lucros acumulados e, em consequência, o total do patrimônio líquido.

EBITDA. Sigla de *earnings before interest, tax, depreciation and amortization*. Ou seja, valor monetário do lucro antes dos juros, do imposto de renda, da depreciação e da amortização (Lajirda). Como o nome já diz, trata-se da medição do resultado da empresa visando destacar o desempenho operacional, ao excluir certos itens. Também é comum o uso da forma EBIT ou lucro antes dos juros e do imposto (Lajir).

Entidade. Conceito segundo o qual a contabilidade deve ser mantida para a entidade, no sentido de que esta não deve se confundir com as atividades das pessoas relacionadas a ela, sejam donos, gerentes ou outros. Entidades são diferentes tipos de organizações: empresa, hospital, órgão governamental, instituição de ensino. Para simplificar, pode-se referir a empresas, indistintamente.

Equação básica do balanço. Refere-se à igualdade ativo total = passivo total mais patrimônio líquido.

Estrutura de capital permanente. Importante decisão pela qual os gestores buscam alcançar um adequado equilíbrio entre (1) o capital de terceiros, o qual é mais arriscado, porém é menos oneroso e (2) o capital próprio, o qual é menos arriscado, porém é de custo mais elevado. Essa combinação define o grau de endividamento em longo prazo da empresa.

Exaustão. Processo empregado para baixar ativos representados por recursos naturais, ao passo que a amortização se aplica aos ativos intangíveis. O tratamento contábil para ambos é similar à depreciação.

Fluxo de caixa das atividades de financiamento. Inclui a obtenção de fundos de longo prazo, seja por empréstimos ou emissão de ações, e a devolução desses recursos.

Fluxo de caixa das atividades de investimento. Inclui a aquisição de novos itens do ativo não circulante (imobilizado e participações societárias) e os ingressos obtidos na venda desses itens.

Fluxo de caixa das atividades operacionais. É encontrado ajustando-se o lucro líquido do período (1) pela despesa de depreciação e (2) pelas variações havidas no ativo circulante e no passivo circulante. A despesa de depreciação (e outras similares) não é um fluxo de caixa. Como ela reduz o lucro líquido, deve-se somá-la de volta, a fim de se chegar ao fluxo de caixa operacional.

Gastos ou dispêndios. São feitos quando bens ou serviços são adquiridos. Se esses bens ou serviços são "consumidos" durante o período corrente, eles são considerados despesas do período. Se não são consumidos, permanecem como ativos, até que venham a se transformar em despesas em períodos futuros, à medida de seu consumo.

IFRS. Sigla de *International Financial Reporting Standards*. São normas contábeis emitidas pelo *International Accounting Standards Board* (IASB). As IFRS, como são chamadas, destinam-se a promover a convergência das normas contábeis. O Brasil, assim como mais de uma centena de países, aderiu a esse objetivo.

Imobilizados. São ativos tangíveis que têm uma vida útil limitada. Por isso, seu desgaste e perda são reconhecidos como depreciação. Exemplos: móveis, imóveis, máquinas, equipamentos, instalações, veículos.

Índices de estrutura. Indicadores que medem o grau de endividamento da empresa e sua composição. São expressos em porcentagens. Quanto maiores esses indicadores, maior o risco financeiro da empresa.

Índices de liquidez. Indicadores que medem a folga financeira de curto prazo da empresa. O mais popular deles é o índice de liquidez corrente (ILC), obtido pela razão do ativo circulante sobre o passivo circulante. Se o ILC for superior à unidade, indicará que a empresa possui mais recursos do que dívidas de curto prazo, e, portanto, menor é seu risco de iliquidez.

Índices de prazos médios. Indicadores que expressam os prazos médios dos estoques, dos valores a receber de clientes e dos valores a pagar a fornecedores. Deles, é possível derivar o ciclo operacional e o ciclo financeiro.

Índices de rentabilidade. Indicadores que medem o desempenho econômico da empresa no período. Os mais populares são a margem líquida (ML), o giro do ativo (GA), o retorno sobre o ativo (RA ou ROA, em inglês) e o retorno sobre o patrimônio líquido (RPL ou ROE, em inglês).

Lucros acumulados. Correspondem ao montante dos lucros retidos a cada período desde a formação da empresa, deduzidos dos dividendos distribuídos e também de eventuais prejuízos nas operações.

Lucros retidos (ou acumulados). Ao final de um período, são formados pelo saldo existente no início do período mais o lucro líquido menos os dividendos do período.

Método da linha reta. Método segundo o qual a despesa de depreciação de cada período é calculada multiplicando-se o valor depreciável do ativo por uma taxa percentual constante. Essa percentagem é determinada dividindo-se 1 pelo número de anos correspondente à vida útil estimada para o ativo. Um automóvel, por exemplo, com cinco anos de vida útil, sofrerá uma depreciação de 1/5 ou 20% ao ano. Há outros métodos, mas de pouco uso.

Modelo DuPont. Metodologia bastante popular que consiste em desdobrar o retorno sobre o patrimônio líquido (RPL ou ROE) nos seus componentes: margem líquida (ML), giro do ativo (GA) e multiplicador de alavancagem financeira (MAF). O produto dos três elementos leva ao RPL. Siga as razões: ML = (lucro líquido / receita líquida de vendas) × 100. GA = receita líquida de vendas / ativo total. MAF = (ativo total / patrimônio líquido). Ao fazer ML × GA × MAF = RPL. Com isso, é possível adotar medidas para corrigir ou melhorar determinado indicador e propiciar melhor retorno aos acionistas.

Passivo. Fontes de recursos provenientes de credores. O passivo subdivide-se em passivo circulante e passivo não circulante, conforme o prazo seja inferior ou superior a um ano, a contar do fim do exercício.

Passivo circulante. Grupo que se compõe de obrigações (dívidas) devidas pela empresa a terceiros no futuro próximo, em geral dentro de um ano a contar do fim do exercício. Quando as obrigações ultrapassam esse período, são classificadas no passivo não circulante.

Passivo não circulante. Grupo que se compõe das obrigações da empresa com vencimento no longo prazo, ou seja, após um ano a contar do fim do exercício. Juntamente com o passivo circulante, compõe os recursos de terceiros que financiam a empresa.

Patrimônio líquido (1). Fundos obtidos de investidores (proprietários) e também dos lucros retidos resultantes das operações da empresa.

Patrimônio líquido (2). Grupo contábil que consiste do capital social, reservas e lucros ou prejuízos acumulados. Representa o capital próprio da empresa, e não tem data de vencimento.

Patrimônio líquido (3). Recursos formados por (1) emissão de ações ou cotas e (2) lucros acumulados. São recursos que pertencem aos proprietários da empresa e que, ao contrário das dívidas, não implicam obrigação para a empresa quanto a pagamentos ou restituições.

Período contábil. O período oficial é de um ano, mas as demonstrações financeiras podem ser elaboradas para períodos menores. São as chamadas demonstrações financeiras intermediárias. Também chamado de exercício contábil.

Primeiro a entrar, primeiro a sair (PEPS). Método de atribuição de custos aos estoques que pressupõe que os itens mais antigos foram os primeiros a ser vendidos. Em períodos inflacionários, quando os preços em geral estão subindo, o uso do PEPS resultará em um menor custo das vendas e, consequentemente, em um maior lucro tributável, em comparação com o UEPS.

Realização. Conceito segundo o qual a contabilidade reconhece a receita quando os bens e serviços são entregues. Se a receita é reconhecida *antes* do recebimento, um ativo (duplicatas a receber) é debitado. Se houver recebimento *antes* de a receita ser reconhecida, um passivo (adiantamentos de clientes) é creditado.

Receita de vendas. Ocorre quando a venda é realizada, não importando se foi à vista ou a prazo. A despesa associada é o custo da mercadoria ou produto transferido ao cliente, ou custo das vendas. O lucro (ou prejuízo) do período é a diferença entre as receitas e despesas daquele período.

Receitas. São aumentos do patrimônio líquido decorrentes das operações durante um período. Despesas são diminuições. Seu efeito líquido aparece no item lucros acumulados, no patrimônio líquido. Atenção: o patrimônio líquido também aumenta quando os proprietários ingressam com capital e diminui quando há distribuição de dividendos, mas essas transações não afetam a apuração do lucro do período.

Regime de caixa. Regime segundo o qual a contabilidade registra as transações com base nas entradas e saídas de dinheiro. Contrasta com o regime de competência.

Regime de competência. Regime segundo o qual a contabilidade reconhece receitas e despesas durante o período contábil e a diferença entre elas constitui o resultado líquido. Essa forma de reconhecimento de transações difere da contabilidade em *regime de caixa*, baseada nas entradas e saídas de dinheiro.

Registro de transações. As transações são primeiramente registradas no diário; depois os valores são transferidos para as contas do razão.

Transação contábil. Operação que afeta no mínimo dois itens e mantém válida a equação básica do balanço: ativo = passivo + patrimônio líquido. Em toda transação, os débitos devem igualar-se aos créditos. Para um conjunto de contas, o total dos saldos devedores deve igualar-se ao total dos saldos credores.

Último a entrar, primeiro a sair (UEPS). Método de atribuição de valor aos estoques que pressupõe que os itens adquiridos mais recentemente foram os primeiros a ser vendidos. Em períodos inflacionários, quando os preços em geral estão subindo, o uso do UEPS resultará em um maior custo das vendas e, consequentemente, em um menor lucro tributável, em comparação com o PEPS.

Valor contábil líquido de um ativo imobilizado. É a diferença entre seu custo e sua depreciação acumulada. Quando essa diferença cai a zero, não se faz mais nenhum reconhecimento de depreciação. O valor contábil líquido *não* representa o valor do ativo.

Venda de imobilizado. Quando um ativo imobilizado é vendido, a diferença entre o preço de venda e o valor contábil líquido representa um lucro (ou prejuízo), e assim deve ser reportado na demonstração do resultado.

Os autores

Jean Jacques Salim

Doutor e mestre em administração de empresas pela Escola de Administração de Empresas de São Paulo (Eaesp) da Fundação Getulio Vargas (FGV). Professor de carreira da instituição há mais de 20 anos, onde ocupou vários cargos de direção. Realizou diversos cursos de especialização no exterior. Coordenador e professor em cursos de educação executiva para bancos e grandes empresas. Consultor, palestrante, tradutor e revisor de livros na área contábil-financeira. Autor de *Contabilidade & finanças de A a Z: guia prático de termos técnicos inglês-português-inglês*.

Antonieta Elisabete Magalhães Oliveira

Doutora e mestre em administração de empresas pela Escola de Administração de Empresas de São Paulo (Eaesp) da Fundação Getulio Vargas (FGV). Professora da FGV São Paulo, nas escolas de Administração, Direito e Economia, em cursos de graduação e pós-graduação *lato sensu*. Coordenadora de cursos de educação executiva e professora do Instituto de Desenvolvimento Educacional (IDE) da FGV. Consultora na FGV Projetos, atuando em empresas públicas e privadas, nas áreas de contabilidade e controladoria.